Wulf D. Hund
Kommunikation in der Gesellschaft

Modelle für den politischen
und sozialwissenschaftlichen Unterricht
Modell 7

Herausgegeben von Ingrid und Rolf Schmiederer

Wulf D. Hund

Kommunikation in der Gesellschaft

Demokratische Willensbildung oder manipulierte Meinung

Europäische Verlagsanstalt

4. unveränderte Auflage 1976

Druck: ELEKTRA, Niedernhausen
ISBN 3 434 20031 2
Printed in Germany

Inhalt

Vorwort der Herausgeber

Da es sich bei dem vorliegenden Thema um ein weitgehend neues Gebiet für den Unterricht an Schulen handelt, wurde darauf verzichtet, es in Form eines oder mehrerer Unterrichtsmodelle darzustellen. Es schien uns wichtiger, dem interessierten Lehrer eine allgemeine Grundlage für die Behandlung des Themas »Information und Manipulation« zu geben, und zwar in Form einer kurzen zusammenhängenden Darstellung.
Es kann und wird dem Lehrer nicht schwerfallen, auf der Basis der hier angebotenen Übersicht über den Gesamtkomplex, selbst die entsprechenden Unterrichtseinheiten zu konzipieren und selbst die notwendigen »Fälle« zu finden: Unser tägliches Leben und das Schulgeschehen selbst bieten eine Fülle von Einzelbeispielen und Einzelproblemen zu dem Thema; sei es für kleinere Einzelkomplexe im Zusammenhang mit der Behandlung anderer Probleme, sei es für gesonderte Unterrichtsprojekte: Ob wir über das Schulgeschehen und seine Probleme diskutieren, ob wir uns bei der Behandlung eines politisch-gesellschaftlichen Themas der Tageszeitung oder dem Fernsehen zuwenden, ob wir im Deutschunterricht über die »Wirkung« eines Lesestücks sprechen oder im Physikunterricht die Medien moderner Massenkommunikation untersuchen oder ob wir in der Kunsterziehung über Kommunikationsprobleme im ästhetisch-künstlerischen Bereich sprechen – immer werden die hier analysierten Zusammenhänge und Probleme angesprochen!
Aus der Problematik selbst wie aus der Art ihrer Darstellung ergibt sich, daß das vorliegende Thema nicht nur als Grundlage für den Unterricht in den Fächern Sozial- und Gemeinschaftskunde dienen kann, sondern darüber hinaus ebenso für einen gesellschaftsbezogenen Unterricht in den Naturwissenschaften, in Deutsch, oder in der Kunsterziehung. Insbesondere aber eignet sich das Thema für einen fächerübergreifenden Unterricht, der – in der Hand eines Lehrers oder in Arbeitsteilung und Teamwork mehrerer – die verschiedenen Dimensionen des Problems von den verschiedenen Aspekten aus analysiert.
Im Anhang der Schrift wird eine über das Notwendige in der Aufbereitung für den Unterricht hinausgehende Vertiefung und eine Einordnung des Problems der gesellschaftlichen Kommunikation in ihren wissenschaftstheoretischen Kontext angeboten.

Die gesamte Darstellung kann dort, wo ein ausreichender Bildungsstand vorhanden ist (also z. B. in den Primen der Gymnasien, in Volkshochschulseminaren usw.), auch als Arbeitsmaterial für die Hand des Hörers bzw. des Schülers dienen.

Es ist beabsichtigt, in absehbarer Zeit ein weiteres Modell zu dem hier vorliegenden Thema herauszubringen, das an Hand einiger konkreter Einzelbeispiele die hier angeführten Probleme noch einmal aufgreift.

1. Einleitung

»Kam endlich eine Zeit«, analysiert Karl Marx im »Elend der Philosophie«[1], »wo alles, was die Menschen bisher als unveräußerlich betrachtet hatten, Gegenstand des Austausches, des Schachers, veräußert wurde. Es ist dies die Zeit, wo selbst Dinge, die bis dahin mitgeteilt wurden, aber nie ausgetauscht, gegeben, aber nie verkauft, erworben, aber nie gekauft: Tugend, Liebe, Überzeugung, Wissen, Gewissen usw., wo mit einem Wort alles Sache des Handels wurde. Es ist die Zeit der allgemeinen Korruption, der universellen Käuflichkeit oder, um die ökonomische Ausdrucksweise zu gebrauchen, die Zeit, in der jeder Gegenstand, ob physisch oder moralisch, als Handelswert auf den Markt gebracht wird, um auf seinen richtigsten Wert abgeschätzt zu werden.«
Mit diesem Stadium der gesellschaftlichen Entwicklung, mit der totalen Vermarktung aller Lebensbereiche und der vollkommenen Entfremdung aller Lebensäußerungen haben wir uns zu beschäftigen. Was in ihm »Kommunikation« ausmacht, haben wir zu klären. Die allgemeine Klage, es sei in unserer Gesellschaft die Nachricht zur Ware geworden, muß abgeleitet und belegt werden.
In dieser Beziehung haben es sich die bürgerlichen Wissenschaften bislang reichlich bequem gemacht:
Ähnlich wie der »Weiße Riese« mit seinen Helfershelfern »Weiß, weißer, suwaweiß«, mehreren »Weißmachern« und wer weiß noch wem sein Unwesen treibt in der Waschmittelbranche; tun Gleiches, nur versehen mit der Tünche seriöser Wissenschaftlichkeit, seit neuerem Termini wie *»Information«*, *»Kommunikation«*, *»Semantik«* auf dem Sektor der allbekannten zwischenmenschlichen Beziehungen.
Der Kybernetiker Norbert Wiener feiert unsere gegenwärtige Epoche als Zeitalter der Kommunikation. Der Semantiker Alfred Korzybski hat erklärt, alle sozialen, politischen, etc. Schwierigkeiten der Menschheit fänden letztlich ihre Wurzel in semantogenen Erkrankungen. Der Existenzphilosoph Martin Heidegger bezeichnet die Sprache als Haus des Seins; der Literaturwissenschaftler Christian Enzensberger sieht in ihr eine Sachwalterin der Ordnung, während der Logiker Ludwig Wittgenstein sie als Grenzen unserer Welt deklariert hat. Ganz allgemein be-

schwört schließlich der Physiker Karl Steinbuch Information als Anfang und Grundlage der Gesellschaft.

Über dieses verbreitete und ständig zunehmende Interesse der Wissenschaften hinaus hat die Thematik »Sprache – Information – Kommunikation« auch bereits an technischer, sozialer, politischer, ästhetischer, etc. Relevanz gewonnen.

Überlegungen zu großen, zentralen »Informationsbanken«, die jeweils die vollständige Information einer ganzen Gesellschaft enthalten sollen, weisen der *technischen Entwicklung* Wege zu noch verstärkterer Rationalität. Durch die öffentliche Zugänglichkeit von Information sowie den »Schrumpfungsprozeß« von Raum und Zeit durch ein weltweites Nachrichtennetz sollen *soziale Fragen* zunehmend an Gewicht verlieren. Viel weitgehender noch als die »Gleichheit vor dem Gesetz« soll die »Gleichheit vor der Information« für soziale Gerechtigkeit bürgen.

Auch auf *politischem Gebiet* hat schon lange eine Entwicklung eingesetzt, die Fragen sprachlicher und kommunikativer Provenienz immer eingehender in den Bereich allgemeiner Aufmerksamkeit rückt. Aus den USA liegen umfangreiche Protokolle von Kongressen vor, auf denen die Regierung sich von Sprachtheoretikern informieren und beraten ließ, wie etwa faschistischer bzw. kommunistischer Propaganda am besten zu begegnen sei.

In der BRD nehmen Parteien und Regierung zusehends Anteil an der Entwicklung und Struktur der Massenmedien. Freilich vollzieht sich hier die Entwicklung noch relativ langsam. Desto schneller und umwälzender hat die Informationstheorie etwa auf dem Gebiet der *ästhetischen Kompetenz* Änderungen in Gang gesetzt. Wissenschaftler wie Max Bense und Wilhelm Fucks arbeiten seit Jahren an der Entwicklung einer Informationsästhetik.

Noch viele Beispiele ließen sich finden; doch soll ein letztes, und das interessiert hier ja in erster Linie, den Abschluß bilden: Auch die Pädagogik hat die vorrangige Wichtigkeit einer intensiven Auseinandersetzung mit Fragen der Sprachphilosophie und der Kommunikationstheorie erkannt. Zwar war es immer schon eine Binsenweisheit, wenn behauptet wurde, es vermittle sich zwischen Lehrer und Schüler Wissen und Methode im Medium der Sprache. Und doch fand die notwendige Reflektion auf solch allgemeine Voraussetzungen didaktischer Arbeit lange nicht statt.

Inzwischen ist diese Entwicklung eingeleitet. Theorien über kybernetische Unterrichtsmodelle, zur Bedeutungsübermittlung im Lernprozeß, über das Verhältnis von Information und Unterricht, zum Problemkreis programmierten Lernens etc. sind ihre ersten und durchaus vorläufigen Ergebnisse.

Wie nun, so ist zu fragen, kommen wir, da wir doch all diesen Eifer zur Kenntnis nehmen, dazu, den Wissenschaftlern Bequemlichkeit vorzuwerfen? Wir müssen es darum tun, weil trotz der Vielzahl von Untersuchungen, Ansätzen, Anregungen alle diese analytischen Unternehmen in keinem rechten Zusammenhang stehen.

Phänomene wie »Sprache«, »Massenmedien« etc. werden aus ihrer entstehungsgeschichtlichen und wirkungsgeschichtlichen Umgebung herausgelöst und lediglich auf ihren Begründungszusammenhang, auf ihre innere Logik hin untersucht. (Die Wissenschaft von der Kommunikation verfährt hier gerade so, wie lange Zeit die Medizin, die Krankheiten nur als direkte Störung von Organfunktionen ansah und nicht wahrhaben wollte, daß psychische und damit auch vermittelt Bedingungen der Umwelt hier entscheidend mitwirken.)

Was ist dagegen zu tun?

Es muß versucht werden, den Vorwurf, daß die Übermittlung von Informationen in der bürgerlich-kapitalistischen Gesellschaft allemal der Manipulation durch die Herrschenden unterliege und so ihrer ursprünglichen Aufgabe keinesfalls nachkommen könne, an der konkreten Informationsstrategie dieser Gesellschaft zu belegen oder ggf. zu zeigen, warum er nicht zutrifft. Das heißt aber nichts anderes, als daß der Begriff »Manipulation« von einem politisch-ideologischen zu einem analytisch-ideologischen Begriff zu wandeln ist.

Im Zusammenhang mit den Pressekonzentrationserscheinungen (Springer, Bertelsmann) in der BRD wurde der Vorwurf der Manipulation des öfteren erhoben. Dem wird gewöhnlich entgegengehalten, es sei »Manipulation« überhaupt kein wissenschaftlicher Begriff und könne so zur Klärung des Sachverhaltes auch nicht beitragen.

»Manipulation ist kein wissenschaftlicher Begriff. Manipulation ist eine Befürchtung. Manipulation ist eines der Worte, in denen unsere Sprache etwas von der Angst registriert, die das Leben in den industriellen Großgesellschaften hervorruft«[2], urteilt Gerhard Schmidtchen.

Hans Magnus Enzensberger hält sich an die Etymologie und kommt zu folgender Kritik: »Manipulation, zu deutsch Hand- oder Kunstgriff, heißt soviel wie zielbewußtes technisches Eingreifen in ein gegebenes Material. Wenn es sich um ein gesellschaftlich unmittelbar relevantes Eingreifen handelt, ist die Manipulation ein politischer Akt. Das ist in der Bewußtseins-Industrie prinzipiell der Fall.

Jeder Gebrauch der Medien setzt also Manipulation voraus. Die elementarsten Verfahren medialen Produzierens von der Wahl des Mediums selbst über Aufnahme, Schnitt, Synchronisation, Mischung bis hin zur Distribution sind allesamt Eingriffe in das vorhandene Material. Ein unmanipuliertes Schreiben, Filmen und Senden gibt es nicht. Die Frage ist daher nicht, ob die Medien manipuliert werden oder nicht, sondern wer sie manipuliert. Ein revolutionärer Entwurf muß nicht die Manipulateure zum Verschwinden bringen; er hat im Gegenteil einen jeden zum Manipulateur zu machen.«[3]

Den vermeintlichen Einsichten Schmidtchens wie auch Enzensbergers haftet der nämliche Fehler an. Sie machen beide »Manipulation« zu einem individualpsychologischen Begriff; Schmidtchen so, daß Manipulation als Reaktion auf gesellschaftliche Angst, die nicht länger kanalisiert zu werden vermag, als gleichsam neurotische Gegenwehr den Herrschenden zum Vorwurf gemacht wird; Enzensberger dagegen, indem er Manipulation ganz allgemein mit »tätig werden« in eins setzt, so daß der Mensch, wo er tätig wird, und darum kommt er nicht herum, auch bereits manipuliert. In jedem Fall verliert der Begriff an Präzision und sozialkritischem Inhalt.

Zudem wird »Manipulation« von beiden Autoren völlig falsch verstanden. Denn es handelt sich dabei um einen gesellschaftlichen Begriff und nicht um Probleme der individuellen Psyche oder Konstitution.

Wie nämlich »Ausbeutung« der politisch-ideologische Begriff für den analytisch-ideologischen »Warencharakter der Arbeitskraft« ist, so ist »Manipulation« der politisch-ideologische für den analytisch-ideologischen Begriff »Warencharakter der Nachricht«. Er hat seinen Hintergrund und findet also seine Ableitung in den sozioökonomischen Verhältnissen.

Was will das nun konkret besagen?

Beginnen wir die Erläuterungen mit den ersten drei Springer-Thesen von Werner Hofmann:

»1. Die Presse ist ein Gewerbe. Sie geht auf Gewinn. Sie verbreitet Nachricht, Meinung, Unterhaltung als Ware und unterliegt damit den Gesetzen der Warenproduktion.

2. Die Presse folgt den allgemeinen Tendenzen der Gewerbe: zunehmende Anlageintensität des Betriebes, wachsendes Gewicht der fixen Kosten und damit Zwang zur Massenproduktion; Tendenz zur Zusammenfassung der umschlagenden Einzelkapitalien, zur Rationalisierung des Kapitalaufwandes und Verkürzung der Kapitalumschlagszeit und daher zu Produktion, Vertrieb und Einkauf im großen (»Konzentration«); Betätigung von Macht auf den Märkten; von Macht über die Verteiler, über die Lieferanten, über die Käufer.

3. Der Gewerbe-Charakter der Presse bestimmt die Natur ihrer Ware. Das physische Erzeugnis des Pressebetriebes, das Druckwerk selbst, ist nur das materielle Substrat, der Träger eines Inhaltes, der Mitteilung als eines Gebrauchswertes von geistiger Art, der verkauft wird. Und wie bei allen Waren der Nutzwert der Sache *Funktion* hat innerhalb der *Verwertung von Kapital,* so auch bei geistiger Ware. Im Kriterium des *Erfolgs* verrät sich die Defloration des Gebrauchswerts durch das Interesse: Der gesellschaftliche Sinn der Presse, die Vermittlung von Material der Meinungsbildung, ist eingeordnet einem der Sache ganz fremden, ja der Sache widersprechenden privatwirtschaftlichen Zweck: der Erwirtschaftung von Gewinn. Die Verbreitbarkeit der Ware bestimmt daher Auswahl, Inhalt und Darstellungsform des Angebots. Und das Angebot selbst schafft sich seine Nachfrage: Das Gesetz der Massenproduktion wird zum Gesetz des Massengeschmacks; und in der Erniedrigung des Lesers kehrt das Bedürfnis der Produktion als ein Bedürfnis der Nachfrage selbst wieder, das nach Befriedigung schreit.«[4]

Diese knappen Behauptungen Hofmanns sind durchaus *keine* Hypothesen. Sie lassen sich stichhaltig belegen. Am Beispiel des Springer-Konzerns sei dies kurz demonstriert. »Konzentration« und, dadurch gesichert, »Betätigung von Macht auf den Märkten« waren die wesentlichen Vorwürfe (s. o.). Über die Situation des Springer-Konzerns und seine wirtschaftlichen Verflechtungen gibt das Schaubild auf Seite 54 Auskunft. Die von Hofmann beschworene »Tendenz zur Zusammenfassung der umschlagenden Einzelkapitalien« (s. o.) wird hier augenfällig. Gerade bei einem Zeitungstrust wie der Springer AG kommen aber noch Momente der internen Organisation hinzu, die sich als Kosten-, Erlös- und Werbungsvorsprung gegenüber der Konkurrenz bemerkbar machen (vgl. 2.5413 [A]). Die damit verbundenen Möglichkeiten der Machtausübung liegen auf der Hand (vgl. 2.5413 [B], a–c). Daß sie bis zu konkreten Repressalien gegen Redakteure reichen, hat sich wiederholt gezeigt. Im Zusammenhang mit einem positiven Artikel über Bundespräsident Gustav Heinemann, den der Bonner Korrespondent der Hamburger Springer-Zeitung »Die Welt« geschrieben hatte, bekam er von seinem Chefredakteur Herbert Kremp ein maßregelndes Schreiben, das in der kaum mehr verschleiernden Drohung gipfelte: »Wenn Sie der Ansicht sind, daß die Politik, die in der ›Welt‹ betrieben wird, falsch ist, steht Ihnen jederzeit offen, die Konsequenzen zu ziehen.«[5]

Kommen wir aber zu unserer anfangs gestellten Frage zurück. Wir waren dabei, den Begriff der Manipulation inhaltlich zu klären. Dabei waren wir vom Warencharakter der Nachricht ausgegangen. Wir haben gezeigt, daß die Institutionen, die für die gesellschaftliche Nachrichtenvermittlung verantwortlich zeichnen, profitinteressierte Unternehmen sind. Genau also, wie es in der kapitalistischen Produktion bei der Herstellung eines Damenstrumpfes, eines Autos, einer Waschmaschine etc. nicht in erster Linie auf die Bedarfsdeckung, sondern auf die Profitmaximierung ankommt, geschieht dies auch bei der Herstellung einer Nachricht. Die Nachrichtenproduzenten kümmern sich also nicht primär um die Bedürfnisse der Konsumenten, sondern um die Erzielung eines möglichst hohen Gewinnes. So erhält die Produktion den eigentümlichen Anschein, als sei sie nicht bezogen auf die Konsumtion, sondern auf sich selbst. Diese Verkehrung hat Auswirkungen nicht nur für das Bewußtsein der Betroffenen. Es wirkt auch ein auf den Charakter der Ware selbst.

Wo die Produktion nicht in erster Linie die Bedarfsdeckung im Auge hat, sondern ihren möglichst hohen Profit, da muß es ihr konsequent darauf ankommen, daß der Bedarf der Konsumenten auf keinem Gebiet und nie auf die Dauer gedeckt werde. Sie wird also ihre Produkte so herstellen, daß sie eine Bedarfsdeckung *auf Dauer nicht* ermöglichen; und sie wird gleichzeitig danach trachten, den Umfang des Bedarfs zu erweitern.

Wie dieses Vorgehen praktisch aussieht, läßt sich für den Damenstrumpf relativ einfach zeigen. Neben dem Bedürfnis, Kleider als Schutz gegen die Umgebung

(Witterung, mögliche Verletzungen) zu tragen, kommen plötzlich Bedürfnisse zum Tragen, die weit weniger originär sind; die Kleidung soll nicht nur funktional sein, sondern auch »schön«. Eine Art Warenästhetik kommt zum Tragen, die nun Bedürfnisse nach Perlonstrümpfen, Strumpfhosen, gemusterten Strümpfen, Kniestrümpfen etc. legitimieren soll. Der Umfang des Bedarfs wird gezielt erweitert. Daß auch er auf die Dauer nicht gedeckt werde, dafür sorgen bestimmte Vorkehrungen der Produktion. Wir wissen heute, daß sich Perlon-etc.-Strümpfe längst fehlerlos herstellen ließen, also ohne Tendenz zur Laufmasche. Trotzdem geschieht dies nicht. Fehlerquellen werden also vorsätzlich erhalten bzw. direkt mitproduziert; so kann mit dem Verschleiß der Produkte gerechnet werden und darum auch mit einem Bedarf, der ständig bestehen bleibt.

Ist nun die Nachricht eine Ware unter Waren, so müßte für sie gleiches sich zeigen lassen.

Die Nachricht als Ware muß also, im übertragenen Sinne, »fehlerhaft« sein. Außerdem gilt es, einen künstlichen Bedarf nach Nachrichten zu wecken, den Markt zu erweitern.

Beginnen wir mit dem zweiten Punkt.

Unschwer läßt sich zeigen, wie heute die Maxime, Wissen sei Macht, als Werbeslogan auf dem Markt fungiert: Der kluge Kopf, der immer dahintersteckt, hat nach dem Willen solcher Werbung die ehemals Mächtigen, die Besitzer von Produktionsmitteln, längst abgelöst. Gleichzeitig wird eine eigenwillige Interpretation des »Wissens« geliefert: Informiertsein. Der Nachrichtenempfänger gleicht so dem Olympiakämpfer, der zeit seiner Laufbahn auf Sieg gedrillt und geschunden wird, nie auf den ersten Platz gelangt und am Ende auch noch gezwungen wird, strahlend zu verkünden, nicht siegen, dabeisein sei wichtig. Pausenlos regnet es Nachrichten; Zeitungen, Fernsehen, Bücher, Filme, Plakate, Rundfunk etc. stehen sich in nichts nach. Aktualität wird großgeschrieben. *Der Nachrichtenempfänger ist bei allem dabei, doch weiß er von alledem nichts.*

Denn so wie die Quantität der Nachrichten zunimmt, so verlieren sie an Qualität. Das läßt sich auf verschiedenen Ebenen belegen.

So fällt gleich besonders der Umstand ins Auge, daß die Ware Nachricht sich aus zumindest zwei zu unterscheidenden Teilen zusammensetzt, dem redaktionellen und dem Anzeigenteil nämlich. Dabei ist zu beobachten, daß die Werbung nicht nur einen immer mehr anwachsenden Teil des Gesamtnachrichtenvolumens ausmacht; vielmehr stellt sie selber in zunehmendem Maße als »Nachricht« sich dar. »Verbraucherinformation« ist immer schwerer zu trennen vom übrigen Informationsteil. Und sie hat es nun wirklich direkt darauf angelegt, nicht das Wissen ihrer Leser zu vergrößern, sondern ihr Konsumverhalten in bestimmter Weise zu beeinflussen. Es handelt sich um keine Nachricht, die zu vermehrter Einsicht, besser Umweltorientierung, gesteigertem Selbstbewußtsein etc. führen könnte. Sie setzt sich vielmehr aus Steuerungssignalen zusammen, die sich tradierte Normen

und deren Verinnerlichung, Frustrationen und Kompensationsmechanismen zunutze machen, um ihre Empfänger nur um so intensiver jenem zu verpflichten, dem sie doch gerade entgehen wollten.
Hinzu kommt jetzt die Art und Weise der Verarbeitung und Übermittlung solcher Nachrichten, welche dem direkten Zugriff der Kapitalinteressen nicht unterliegen, also nicht über die Anzeigenredaktion laufen. Dabei kommt ein Moment zum Tragen, das Ulrich Sonnemann die »Dialektik der Nachricht« genannt hat. Bezeichnet wird hiermit der Umstand, daß eine Nachricht und ihr Kontext unweigerlich zusammengehören. Erst die Kenntnis des Kontextes ermöglicht das Verstehen der Nachricht. Ein politisches Ereignis, welches übermittelt wird unter Weglassen der soziohistorischen Voraussetzungen und Begleitumstände, kann in seiner wahren Bedeutung nicht begriffen werden. So kommt es zu dem Umstand, daß der Zeitungsleser oder Fernsehzuschauer zwar von allem in Kenntnis gesetzt wird und doch über alles in Unkenntnis bleibt. Er versteht weder die Ursachen noch die zukünftige Tragweite noch selbst die aktuelle Bedeutung des ihm Mitgeteilten. Das gesellschaftspolitische Geschehen wird seines Kontextes beraubt. Was verbleibt, ist der Skandal: der Skandal als ein nicht weiter ableitbares, zufälliges, letztlich unbegreifbares Geschehen, entzogen allen Möglichkeiten von Teilnahme und Verantwortung.
Diese und ähnliche Momente sind die objektiven Hintergründe der Manipulation. Es geht um ihre und nicht um die Analyse irgendwelcher persönlichen Einflußnahmen von Konzernherren. Um das klarzumachen, muß die gesellschaftliche Kommunikation in allen ihren Bereichen abgeleitet werden. Deutlich werden muß der Zusammenhang zwischen gesellschaftlichen Besitzverhältnissen und Sprachstrukturen. Diesen Versuch unternimmt das folgende Modell.
Es ist kein Modell der Wirklichkeit, auch nicht der Wirklichkeit des Unterrichtes in dem Sinne, daß hier einfach bestimmte Sachverhalte der gesellschaftlichen Kommunikation literarisch verdoppelt würden. Es ist bereits methodisch organisierte Wirklichkeit. Es empfiehlt sich also, im Unterricht nicht plan der Reihe nach vorzugehen, sondern das aufgezeigte Schema an Hand eines konkreten Beispieles zu beleben. Mit Hilfe etwa eines einzigen Exemplares der Bild-Zeitung läßt sich zeigen, daß die Methode im Modell den Strukturen der Wirklichkeit gerecht wird.

2. Sprache — Information — Kommunikation
Ein Modell für den Unterricht

2.1 DIE KOMMUNIKATION

2.11 Vorbemerkung

Es erscheint sinnvoll, die Problematik mit der Klärung des Kommunikationsbegriffes zu beginnen. Gerade durch ein Fortschreiten vom Allgemeinen zum Besonderen sollten die spezifischen Merkmale des menschlichen Kommunikationsysstems, der Sprache, besonders verdeutlicht werden können.

2.12 Was heißt Kommunikation?

2.121 *Allgemeiner Kommunikationsbegriff*

Kommunizieren bedeutet ursprünglich »in Gemeinsamkeit bringen«. Auf dieser Stufe kommen dem Begriff eine ganze Reihe von Bedeutungen zu. So spricht man etwa von Kommunikation

A) in der Physik (kommunizierende Röhren);
B) in der christlichen Religion (kommunizierende Gemeinde);
C) in der Informationstheorie (kommunizierende Einheit von Sender und Empfänger);

Etc.

2.122 *Eingeschränkter Kommunikationsbegriff*

Wir beschränken uns auf die Verwendung des Kommunikationsbegriffes, wie er unter 2.121 C) definiert ist.
Kommunikation heißt also zunächst umfassend jeder Austausch von Nachrichten zwischen zwei oder mehreren Partnern.

2.13 Wie wird kommuniziert?

Jetzt muß die Frage gestellt werden, ob Kommunikation eine Erscheinung ist, die speziell für einen gesellschaftlichen Nachrichtenaustausch definiert ist; bei der also die Partner Menschen sind.
Nach der Definition in 2.122 ergeben sich folgende Möglichkeiten:

2.131 *Tierische Kommunikation*

Eine beachtliche Zahl von Wissenschaftlern hat bereits über die »Sprache« der Tiere geschrieben. Sie haben festgestellt, daß Tiere sich in gewisser Weise »unterhalten« können.
Beispiele:
A) Kommunikation der Bienen (vgl. Anhang, 3.11).
B) Kommunikation bei Fischen. Bei einer bestimmten Spezies der sog. »elektrischen« Fische, den Mormyliden, hat man festgestellt, daß sie nicht nur »elektrische Schläge« verteilen, also senden können (wie etwa Zitterwels, Zitteraal, Zitterrochen, etc.), sondern auch Rezeptoren für elektrische Felder besitzen, also *empfangen* können. Diese Fische können also untereinander Kontakt aufnehmen. Dabei antworten sie einander durch bestimmte Erhöhungen der eigenen Frequenz. Solche »Unterhaltungen« lassen sich über Tauchelektroden abnehmen und im Lautsprecher hörbar machen.
C) Kommunikation bei Eidechsen. Viele Eidechsenarten kommunizieren durch gewisse Bewegungen. Dabei handelt es sich hauptsächlich um einen Nickrhythmus des Kopfes. Je nach den Intervallen werden bestimmte Nachrichten entschlüsselt.
Etc.

2.132 *Mimikry*

Mimikry ist eine Form der Kommunikation, die eigentlich nicht auf den tierischen oder menschlichen Bereich beschränkt ist, sondern übergreift und sogar noch eine Art tierisch-pflanzlicher Kommunikation mit einschließt. Formal gesehen haben wir es mit einem Kommunikationssystem zu tun, bei dem es für ein bestimmtes Signal zwar nur einen Empfänger gibt, aber mindestens zwei Sender, die beide das nämliche Signal in verschiedener Bedeutung verwenden.
Wolfgang Wickler etwa führt aus: »Die Ragwurzarten unter den Orchideen beispielsweise werden von Wespen oder Bienen besucht und bestäubt, obwohl sie keinen Nektar haben. Zu ihnen kommen nur Insektenmännchen, und diese machen auf der Blüte Paarungsversuche und bekommen dabei die Blütenstaubbeutel angehängt, die sie zur nächsten Blüte mitnehmen, wo sie ihre vergeblichen Bemühungen fortsetzen. Warum nun machen die Tiere überhaupt Paarungsversuche auf der Blüte? Weil diese die wichtigsten Erkennungssignale der betreffenden Insek-

tenweibchen imitiert, nämlich Größe, Form, Färbung, pelzige Oberflächenbeschaffenheit und sogar den Sexuallockduftstoff. Diese Blüten sind Weibchenattrappen . . .; die Orchidee parasitiert auf dem erblich festgelegten Verständigungssystem der betreffenden Insekten.«[1]

2.133 *Menschliche Kommunikation*

An dieser Stelle kann vorerst eine Aufzählung wichtiger Merkmale der menschlichen Kommunikation genügen. Es soll noch nicht so sehr darauf ankommen, jene Kriterien zu ermitteln, durch die eine Abgrenzung zu anderen Formen der Kommunikation möglich wird. Zunächst reicht es, einfach die komplizierten, vielfältigen Chancen der menschlichen Kommunikation zu ermitteln.

Spontan und völlig ungeordnet einige Beispiele:

Der Mensch kann sich auf vielerlei Arten verständigen. Er kann sprechen, riechen, fühlen, sehen. Alle Sinneswahrnehmungen können Träger von Information sein.

Es ist möglich, trotz großen räumlichen Abstands Kommunikationsbeziehungen herzustellen. Der Mensch hat technische Kommunikationsmittel entwickelt, die weite Entfernungen überwinden können.

Tendenziell kann sogar der Zeitfaktor als Hindernis beseitigt werden. Der Mensch kann »Informationskonserven« (Bücher, Schallplatten, Filme, Tonbänder etc.) herstellen, die es ermöglichen, Informationen aus der Vergangenheit direkt zu erhalten, Informationen für die Zukunft zu speichern, Informationen je nach Bedarf exakt zu reproduzieren etc.

Der Mensch kann auf Grund bestimmter Informationen, die er schon besitzt, neue Informationen erschließen.

Der Mensch hat beim Umgang mit Informationen eine relativ große Zahl von Freiheitsgraden. Er kann Informationen verschlüsseln, verheimlichen, verweigern, fälschen etc. Sein Informationsverhalten ist auf keinen Fall eine einfache Reiz-Reaktion-Beziehung.

Etc.

2.14 Was setzt Kommunikation voraus?

Ehe nun eine genaue Bestimmung der menschlichen Kommunikation vorgenommen wird, ist es notwendig, aus der Fülle von Beispielen die Gemeinsamkeiten zu ermitteln; praktisch also grundlegende Bestimmungsmerkmale für das Vorhandensein oder Nichtvorhandensein von Kommunikation zu gewinnen, die eine genauere Fixierung von Kommunikationssystemen zulassen als die in 2.122 erfolgte Definition.

2.141 *Die Sender-Empfänger-Relation*

Wir haben bereits festgestellt, daß es zur Errichtung einer kommunikativen Beziehung mindestens zweier Partner bedarf. Dieser Punkt soll jetzt etwas genauer betrachtet werden. Dabei wird sich herausstellen, daß beide Partner sich durch verschiedene Aufgaben charakterisieren lassen. In der jeweiligen kommunikativen Beziehung stellt nämlich immer einer von beiden den Sender und der andere den Empfänger dar. Es kann natürlich der Fall eintreten, daß der Sender zum Empfänger wird und der Empfänger zu senden beginnt, daß beide also komplex strukturiert sind. Das ist bei jeder Unterhaltung zwischen Menschen der Fall. Trotzdem stellt diese Vertauschbarkeit der Rollen keine unbedingte Forderung dar, ohne die Kommunikation erst gar nicht zustande kommen könnte. Es gibt auch Kommunikationsbeziehungen, bei denen der Sender nur senden und der Empfänger nur empfangen kann (vgl. 2.132).

Eine kommunikative Beziehung setzt mindestens zwei Partner voraus, von denen jeweils mindestens einer über Sendeeinrichtungen und der andere über Einrichtungen zum Empfang verfügt.

2.142 *Das Medium*

Es ist jetzt bereits eine Mindestbestimmung gefunden. Sie reicht allerdings noch nicht aus, um einen Kommunikationsprozeß zu gewährleisten. Vielmehr wird noch zu fordern sein, daß, wo Sender und Empfänger vorhanden sind, als drittes hinzukommt die Möglichkeit, miteinander eine Beziehung aufzunehmen. Das kann ersichtlich nur dann geschehen, wenn Sender und Empfänger einander zu verstehen in der Lage sind. Um sich aber zu verstehen, müssen beide über denselben Vorrat an Signalen verfügen.

Dabei ist es zunächst unerheblich, ob dieser Signalvorrat angeboren, erlernt, vereinbart etc. ist. Was erlernbare Signale von den angeborenen dabei in diesem Zusammenhang nur unterscheidet, ist, daß etwa ein Italiener sich durchaus in die Lage versetzen kann, einen Russen zu verstehen; während eben ein Tier, welches auf bestimmte Zeichen in einer bestimmten Weise reagiert, dies nur bei einem Tier derselben Art, nie aber bei einem anderen tun wird.

Natürlich ist es auch möglich, daß ein Empfänger Signale aufnimmt, die aus einem Signalvorrat stammen, über den er nicht verfügt. Er kann dann die Signale nicht entschlüsseln und wird nicht so reagieren, wie es der Sender dieser Signale erwartet hat. In einem solchen Fall soll nicht von Kommunikation die Rede sein. Kommunikation schließt den Akt der Verständigung ein. Ein Signal muß in der vom Sender intendierten Weise zum Empfänger gelangen.

Damit Kommunikation zustande kommt, müssen Sender und Empfänger über den gleichen Signalvorrat verfügen. Nicht nur die Übertragung, sondern auch die Entschlüsselung von Signalen hat zu erfolgen.

Schematische Darstellung einer Kommunikationskette

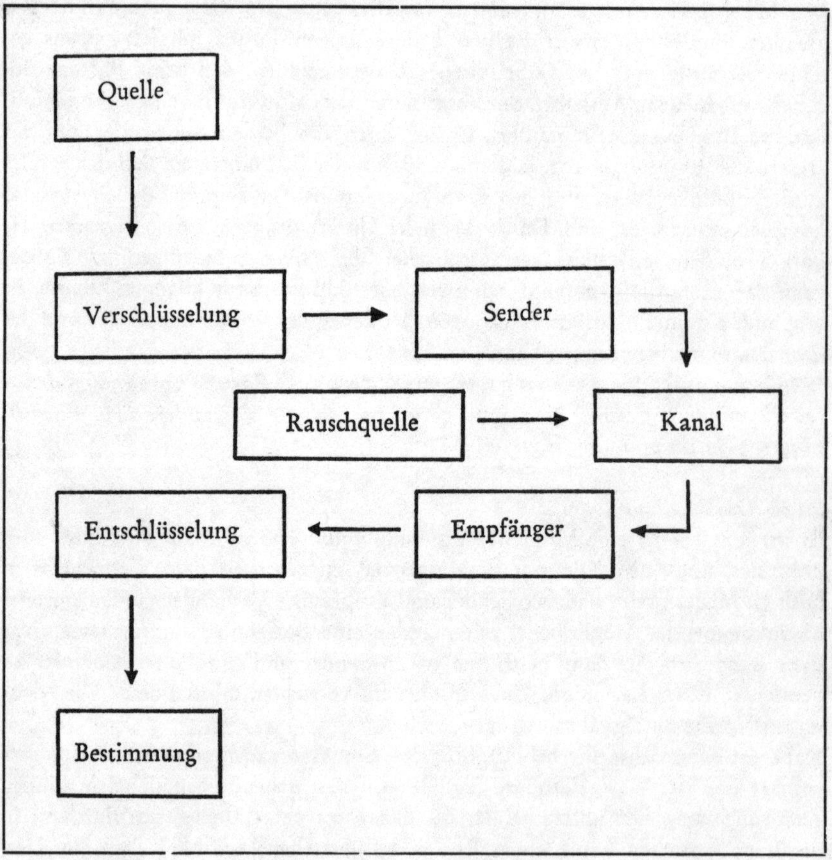

2.15 Ein Störfaktor der Kommunikation: Das Rauschen

In 2.14 haben wir die Voraussetzungen geklärt, derer Kommunikation bedarf. Damit könnten wir theoretisch bereits ein einfaches Kommunikationsmodell konstruieren. In der Praxis allerdings wird es sich dann zeigen, daß dieses Modell nach *ideellen* Bedingungen entworfen wurde. Denn bei der *aktuellen* Etablierung eines kommunikativen Systems ist in allen Fällen mit gewissen Störungen des Informationsprozesses zu rechnen. Diese Störungen werden allgemein mit »Rauschen« bezeichnet.

Rauschquellen können verschiedener Natur sein. Bei der tierischen Kommunikation, etwa dem Kommunikationsprozeß von Meeresvögeln, wäre eine solche

Quelle von Störungen die Geräuschkulisse des Meeres. Deshalb sind die lautlichen Äußerungen dieser Tiere sehr scharf, schrill und laut. Die menschliche Kommunikation kann schon durch eine undeutliche Artikulation stark gestört werden. Bei der Hinzunahme technischer Hilfsmittel können eine ganze Reihe von Fehlerquellen hinzukommen; so etwa atmosphärische Störungen beim Rundfunkempfang, falsche Übertragung einzelner Buchstaben bei der Übersendung von Telegrammen etc.
Der Tatsache nun, daß der Verständigungsprozeß in der Regel mit Störungen zu rechnen hat, wird bei kommunikativen Verbindungen Rechnung getragen. Das geschieht ganz einfach dadurch, daß mehr Informationen übertragen werden als eigentlich notwendig sind. Die zur Verständigung unbedingt erforderliche Information heißt »Innovation«. Die zur Stabilisierung der Innovation zusätzlich übertragene Information heißt »Redundanz«.

2.16 Ein Stabilisator der Kommunikation: Die Redundanz

Die einfachste Form von Redundanz läßt sich dadurch erzeugen, daß Nachrichten mehrmals wiederholt werden. So werden von sehr vielen Tieren wichtige Signale in bestimmten Abständen oftmals wiederholt. Das geschieht aus demselben Grund, um dessentwillen auf Telegrammen Zahlenangaben doppelt vermerkt werden. So sollen Fehlinformation und Irrtum vermieden werden.
Der menschliche Signalvorrat, die Sprache, verfügt über eine besondere Form von Redundanz. Es ist nicht notwendig, sprachliche Signale zu wiederholen. Sie sind in sich redundant.
Untersuchen wir einige Beispiele. Wenn zum Beispiel ein Telegramm »Ankomme München Freitag sechs Uhr« aufgegeben wird, so läßt sich diese Nachricht auch ohne weiteres entziffern, wenn bei der Sendung Fehler aufgetreten sein sollten: »Amlomme Müchn Feitog dechs Ur«; »Ankom Münch Freita sech Uh« etc. Alle diese verstümmelten Nachrichten können auf Grund der sprachlichen Redundanz noch entziffert werden.
Selbst bei sehr starkem Einwirken von Rauschen kann in der Regel der gemeinte Sinn noch entziffert werden: Mn knn zm Bspl nn Stz hn Vkl mnchml nch lsn – Man kann zum Beispiel einen Satz ohne Vokale manchmal noch lesen.
Etc.

2.17 Wie wird der Signalvorrat angeeignet?

Die Form der Aneignung des Signalsystems, welches Kommunikation erst gewährleistet, kann in der Regel durch zwei Typen definiert werden.

2.171 *Das angeborene Signalsystem*
Dadurch, daß ihr Signalsystem im allgemeinen angeboren ist, unterscheiden wir vom Menschen die Tiere. Dieses System definiert sich vor allem dadurch, daß die Beziehung zwischen Signalsendung, Signalempfang, Intention des Senders, Reaktion des Empfängers sich einfach kausal darstellt. Es gibt keine Freiheitsgrade, keine historischen Veränderungen, keine sozialen Einflüsse etc.

2.172 *Das erlernte Signalsystem*
Aufnahme und Sendung von Signalen beim Menschen sind Sinnesfunktionen. Man kann also durchaus sinnvoll einen visuellen, auditiven, olfaktorischen, gustatorischen, taktilen, termischen etc. Sinn unterscheiden; wobei dann wieder jeder dieser Sinne Signalträger werden kann. Die physiologischen Bedingungen der Sinnlichkeit also wären eventuell als eine Art von angeborenem Minimalkodex formaler menschlicher Kommunikationsbedingungen zu bezeichnen.
Alle inhaltlichen Faktoren menschlicher Verständigung werden erlernt. Der menschliche Signalvorrat ist also im wesentlichen eine Funktion der menschlichen Gesellschaft. Er wird seine Eigenheiten aufweisen je nach dem sozialen und historischen Kontext, in welchem wir ihn untersuchen.

2.2 DIE SPRACHE

2.21 Wie unterscheidet sich die Sprache von anderen Signalsystemen?

In 2.1 kamen bereits eine Reihe von Unterscheidungsmerkmalen zur Sprache. Wir wollen sie jetzt nochmals aufnehmen und systematisch ergänzen.

2.211 *Metasprache*
Ein Tatbestand von Evidenz ist, daß es die Sprache als einziges unter allen Signalsystemen ermöglicht, Aussagen über dieses System innerhalb seiner zu machen. Wir können über die Sprache sprechen. Wir können also sprachliche Metasysteme bilden.

2.212 *Zeichen als Signale*
Diese Fähigkeit, Metasysteme zu bilden, ist zu großen Teilen bedingt von der Eigenart des menschlichen Signalsystems, mit Signalen zu operieren, die wesentlich mehr leisten können, als das gemeinhin der Fall zu sein pflegt. Diese Signale heißen Zeichen. Zeichen sind immer sprachlich. Es gilt also, daß zwar alle Zeichen Signale sind; doch sind längst nicht alle Signale auch Zeichen.
Damit stellt sich die Frage, inwieweit die Zeichen mit ihren Spezifika über jene Kriterien hinausreichen, durch die Signale ganz allgemein definiert werden. Als

generelles Unterscheidungsmerkmal haben wir dabei schon die aus 2.211 abzuleitende Tatsache, daß Signale immer nur etwas bedeuten können, während Zeichen sowohl etwas bedeuten als auch etwas bezeichnen. Ein Zeichen kann damit etwa ein Signal bezeichnen.
Dieser grundsätzliche Unterschied führt zu weiteren Differenzierungsmerkmalen.

A) Signale können immer nur etwas bedeuten. Es besteht eine direkte Koppelung zwischen Signal und Bedeutung.
Signale sind eindeutig.
Zeichen können sowohl etwas bedeuten als auch etwas bezeichnen. Bedeutung und Bezeichnung sind nicht unmittelbar aneinander gebunden, sondern physiologisch, psychologisch, sozial, ästetisch etc. vermittelt.
Zeichen sind mehrdeutig.

B) Signale haben ihre Bedeutung auf Grund von Vereinbarung oder natürlicher Bedingtheit. Sie haben entweder keine oder allenfalls eine natürliche Genese.
Signale sind geschichtslos.
Zeichen haben vielfache Beziehung zu ihren Verwendern. Sie sind weder nur vereinbart noch nur natürlich. Sie haben eine soziale Genese.
Zeichen sind historisch bedingt.

C) Signale entwickeln ihre Bedeutung nicht weiter. Zu dem, was sie bedeuten, verhalten sie sich indifferent.
Signale sind unproduktiv.
Zeichen und ihre Bedeutung stehen in einem oftmals gebrochenen Wechselverhältnis (vgl. A). Es bestehen relevante funktionale Beziehungen zwischen formaler und inhaltlicher Zeichenstruktur.
Zeichen sind produktiv.
Etc.

2.213 *Sozialisationsfunktion*

Die Sozialisation beginnt mit der Erlernung bestimmter Normen und Verhaltensweisen im Kindesalter. Die Übernahme solcher vorgefundener Verhältnisse durch das Kind erfolgt aber weder rein intuitiv noch rein imitativ. Da die zu erfassenden Bedingungen sprachlich fixiert sind und vermittelt werden, kommt der Sprache ein wesentlicher Anteil bei der Sozialisation zu.
Dabei ist interessant, zu beobachten, wie bei einer durch den Namen Kaspar Hauser bekannten umweltlich bedingten Form der Sprachlosigkeit das Kind tatsächlich nicht zu einer produktiven Auseinandersetzung mit seiner Umgebung und so auch nicht zur Charakterbildung gelangt, sondern mehr oder weniger darauf angewiesen ist, ihm zugängliche Verhaltensweisen zu imitieren. Folgende Schilderung entnehme ich der Frankfurter Rundschau vom 20. 12. 1969:
»Ein zehn Jahre alter, tauber spanischer Junge, der die meiste Zeit seines bisherigen Lebens unter Hühnern verbrachte, hat die Verhaltensweise der Tiere angenom-

men. Das Kind, das jetzt in einem Heim für Gehörlose lebt, befand sich ständig unter den Tieren, wenn seine Eltern auf die umliegenden Felder ihres entlegenen Heimatortes im Nordwesten Spaniens zur Arbeit gingen. Wie die Ärzte des Gehörlosenheimes mitteilten, imitiert der Junge noch immer die Flügelbewegung der Tiere mit seinen Armen und wirft beim Trinken den Kopf in den Nacken. Zudem habe er die Fähigkeit entwickelt, lange Zeit auf einem Bein stehen zu können.«

2.214 *Relativismus und Universalismus*

Der Umstand, der daraus erwächst, daß es eine Vielzahl sprachlicher Organisationen der Wirklichkeit gibt, hat zu einer beachtlichen Kontroverse zwischen verschiedenen sprachtheoretischen Schulen geführt. Ich will mich hier auf die letzten Beiträge zu dieser Auseinandersetzung beschränken und exemplarisch je einen Vertreter der Extrempositionen erwähnen.

2.2141 Das linguistische Relativitätsprinzip

In jene sprachtheoretische Richtung, welche behauptet, daß auf Grund der sprachlichen Organisation und Aneignung der Wirklichkeit auch ganz verschiedene Verhältnisse zur Realität bestünden, ist der Amerikaner Benjamin Lee Whorf am weitesten gegangen. Von ihm stammt die These vom linguistischen Relativitätsprinzip, das heißt, von der Relativität der menschlichen Erkenntnis auf Grund der Verschiedenheit der menschlichen Sprachen. Wenn man demnach bei der Betrachtung historisch oder auch nur geographisch verschiedener Gesellschaften die Beobachtung machen kann, daß sie ihre jeweilige gesellschaftliche Wirklichkeit mit signifikanten Unterschieden verbal organisieren, so soll man daraus eine Art von »kulturellem Pluralismus« ableiten können. Dementsprechend müsse es eine Reihe durchaus gleichwertiger Möglichkeiten geben, die Realität adäquat zu erkennen. Entsprechend wären Vorstellungen einer objektiven und verbindlichen Erkenntnis abzulehnen.

Diese These Whorfs wird heute im allgemeinen von der Forschung nicht mehr vertreten. Man ist zu der Erkenntnis gelangt, daß dabei zum einen funktionale Verhältnisse zwischen Sprache und Gesellschaft, die sich in einer Wechselwirkung beiderseitig zu beeinflussen vermögen, schlicht kausal, also falsch aufgefaßt sind; und daß bei diesem Vorgehen zum andern auch noch die Primate falsch verteilt wurden. Denn es ist nicht die sprachliche Entwicklung, welche eine Gesellschaft determiniert, sondern die Dominanz liegt bei den sozio-ökonomischen Verhältnissen.

2.2142 Die linguistischen Universalien

Eine ganz entgegengesetzte Konzeption hat der ebenfalls amerikanische Grammatiker Noam Chomsky entwickelt. Er geht dabei von bestimmten Erkenntnissen der Phonologie aus. Sie wurden 1952 von Roman Ossipowitsch Jacobson, Gunnar Fant und Morris Halle dargelegt. Es ging dabei um die Beschreibung des Phoneminventars einer (bzw. mehrerer) Sprache(n). Dabei wurden die kleinsten Größen, die eine bedeutungsmäßig erfaßbare Differenz ausmachten, als distinktive Merkmale bezeichnet. Es wurden 24 solcher Merkmale gefunden, die sich paarweise anordnen lassen:

1. vokalisch / nicht-vokalisch
2. konsonantisch / nicht-konsonantisch
3. abrupt / dauernd
4. gehemmt / ungehemmt
5. scharf / mild
6. stimmhaft / stimmlos
7. kompakt / diffus
8. dunkel / hell
9. tief / nicht-tief
10. spitz / nicht-spitz
11. gespannt / entspannt
12. nasal / oral.

Das Entscheidende ist nun, daß Jacobson, Fant und Halle nach einer Reihe von Überprüfungen ihre These so weit gefaßt haben, daß sie behaupten konnten, es lägen diese zwölf Gegensatzpaare dem gesamten Phoneminventar aller lebendigen Sprachen zugrunde; womit eine Hypothese geliefert wurde, die man bislang nicht hat falsifizieren können.

Dabei sind diese Feststellungen genaugenommen gar nicht so schrecklich bestaunenswert. Wir haben in 2.172 schon darauf hingewiesen, daß dadurch, die Sprache als ein Gebilde mit sozialer Dimension zu betrachten, nicht quasi mechanisch die recht triviale Beobachtung hinfällig würde, daß auch »natürliche« Faktoren zu ihrer Bestimmung herangezogen werden können. Beim Prozeß der Artikulation – und um ihn haben wir uns als einer physiologischen Bedingung der Phonologie hier zu kümmern – werden also einfach durch die beschränkten Möglichkeiten der Hervorbringung von Lauten denkbare phonetische Varianten auf ein bestimmtes Maß festgelegt.

Mit solch einfacher Erklärung wird sich indessen nicht beschieden. Vielmehr wurden die Behauptungen von Jacobson, Fant, Halle zum Anlaß genommen, eine These zu stützen, die in ihren Ansprüchen weit über die Intention der drei Phonetiker hinausgeht.

Noam Chomsky hat aus der Tatsache, das gesamte Phoneminventar der lebendigen Sprachen auf eine begrenzte Anzahl von Bausteinen zurückführen zu können, die Existenz linguistischer Universalien abgeleitet. Solange man nun »Universalien« in dem recht materialistischen Sinne physiologischer Bedingtheit meint, wäre dagegen auch nichts einzuwenden. Chomsky aber versucht, dezidiert an Descartes und die Vorstellung von den eingeborenen Ideen anzuknüpfen. So kann er denn auch die Vermutung aufstellen, es müsse möglich sein, solche Universalien nicht nur auf dem Gebiete der Phonologie, sondern auch für die Syntax oder gar die Semantik aufzustellen.

Der Einwand gegen diese These ist schlicht jener, sie werde sich wissenschaftlich nicht beweisen lassen. Chomsky begibt sich mit seinen Behauptungen auf jenes Gebiet metaphysischer Spekulationen, mit denen man ganz allgemein eine neuerdings stark zunehmende Richtung des bürgerlichen Denkens, den Strukturalismus nämlich, definieren kann, und die letztlich keine andere Aufgabe haben, als den Status quo transzendental abzusichern.

2.215 *Sprachbarrieren*

Die Begriffe »Relativismus« und »Universalität« können allerdings auch durchaus analytischen Wert haben. Es wird dann jedoch vorausgesetzt, daß wir sie nicht im Sinne einer spekulativen Philosophie, sondern als Begriffe kritischer Gesellschaftbetrachtung verwenden. In diesem Sinne sind die Arbeiten von Basil Bernstein und Ulrich Oevermann zu verstehen. Sie zeigen besonders deutlich, welche Relevanz dem Umstand zukommt, daß die Sprache eine beachtliche Rolle bei der Sozialisation spielt.

Es sei wiederholt, daß die Sprache eine wesentliche Aufgabe bei der Organisation der Wirklichkeit hat. Dabei haben wir uns an dieser Stelle gar nicht in die Diskussion darüber einzulassen, wie stark oder wie sehr vermittelt Sprache und Denken zusammenhängen. Es genügt, und darüber existieren inzwischen bereits genügend empirische Untersuchungen, daß zwischen beiden Gebieten sehr ausgeprägte Verbindungen zu finden sind.

Daraus nun und aus dem Umstand, daß die soziale Umwelt, wie sie vom einzelnen erfahren wird, auf Grund des Klassencharakters der bürgerlich-kapitalistischen Gesellschaft schichtenspezifisch ausgeprägt differiert, hat Bernstein geschlossen und an einer Reihe von Experimenten belegt, daß die schichtenspezifischen sozialen Bedingungen zur Bildung verschiedener Sprachvarianten innerhalb desselben Sozialgebildes führen. Diese Varianten heißen linguistische Kodes.

Es wird im wesentlichen zwischen zwei Formen, einem »restringierten« und einem »elaborierten« Kode unterschieden. Ersterer entspricht der Sprachweise im subkulturellen Milieu, der zweite korrespondiert mit den Gewohnheiten der gesellschaftlichen Mittelschicht.

Der restringierte (eingeengte) Kode, durch den in der Regel die Sozialisation des Arbeiterkindes geleistet wird, läßt kein verbal differenziertes Ich entstehen. Starke Identifikation mit den Angehörigen der eigenen Klasse und ein Zustand weniger artikulierten als vielmehr affektiven Einvernehmens zeichnen die Kommunikation mit dem eingeengten Kode aus. Verständigung erfolgt nicht weitgehend verbal, sondern zu erheblichen Teilen auch über nicht-sprachliche Kanäle.

Daraus erwachsen erhebliche Schwierigkeiten im Verlauf einer kritischen Aneignung der Umwelt. So leidet unter anderem stark die Ausbildung abstrakten Denkens. Und das ist in diesem Falle eindeutig keine Frage minderer Intelligenz, sondern Ausfluß der sprachlichen Prägung. Denn in einer Reihe von Versuchen mit nicht-sprachlichen Intelligenztests hat sich eindeutig herausgestellt, daß die Leistungen von Arbeiterkindern nicht unter denen von Kindern aus der Mittelschicht lagen. *Durch die Internalisierung bestimmter, von einem eingeengten linguistischen Kode geprägter syntaktischer Strukturen entstehen den Angehörigen der gesellschaftlichen Unterschichten entscheidende Nachteile für ein reflektiertes soziales Verhalten.*

So hat das Arbeiterkind beispielsweise eine erste große Zurücksetzung zu erwarten, wenn es eingeschult wird und damit gezwungen ist, seine soziale Umgebung für eine nicht unbedeutende Zeit zu verlassen. Bernstein geht so weit, von einer sozialen Diskontinuität zwischen Schule und subkulturellen gesellschaftlichen Schichten zu sprechen, weil in beiden ganz verschiedene Kommunikationssysteme vorherrschend seien. Eine ganze Anzahl von Forderungen, die bei der augenblicklichen Organisation unserer Schulen immer noch an zentraler Stelle stehen, wie etwa Sicherheit bei der Sprachhandhabung, spontane Beteiligung am Unterricht, fehlerfreies Umsetzen des gesprochenen ins geschriebene Wort, Flexibilität der Ausdrucksweise etc. können so von Kindern der Arbeiterklasse kaum oder nur sehr schwer erfüllt werden. Da die gesellschaftlichen Bildungsinstitutionen weitgehend mit Angehörigen der Mittel- und Oberschichten besetzt sind, die das ihnen eigene Sprachverhalten systematisch als verbindlich setzen, sind dem Gros der Bevölkerung von vorneherein wichtige Möglichkeiten einer adäquaten Entwicklung der eigenen Fähigkeiten genommen.

Ulrich Oevermann hat, ausgehend von diesen Überlegungen, einige essentielle Forderungen aufgestellt, deren Erfüllung allerdings auch erst einen allmählichen Aufbruch aus der angedeuteten Misere bedeuten würde:

»1. Die sprachlichen Fähigkeiten der Unterschichtkinder lassen deren allgemeines intellektuelles Leistungsniveau unterschätzen. In Zukunft muß eine begleitende erziehungspsychologische Forschung die spezifischen Formen des intelligenten Verhaltens dieser Kinder außerhalb der sprachlichen Sphäre identifizieren. Dazu ist die Konstruktion an der kognitivistischen Entwicklungspsychologie orientierter diagnostischer Erkenntnismittel ... unabhängig von den traditionellen Intelligenztests notwendig ...

2. Die schulische Förderung dieser Fähigkeiten darf nicht von Beginn an an die kommunikativen Muster des ›elaborierten Kode‹ gebunden sein. Der Lehrer muß zunächst auf die typische Sprache der Unterschichtkinder eingehen und sie als Kommunikationsmittel akzeptieren. Die negative Sanktionierung der ›restringierten‹ Sprachformen darf der negativen affektiv-motivationalen Konsequenzen wegen nicht vom Lehrer ausgehen ...

3. Der Eintritt in die Schule bedeutet für die Kinder der Unterschicht vor allem in sprachlicher Hinsicht einen ›Milieubruch‹. Sie haben Schwierigkeiten, die Sprache des Lehrers in allen Nuancen zu verstehen ... (Darauf hat der Lehrer Rücksicht zu nehmen). Er darf vor allem die undifferenzierte, distanzlose Ausdrucksweise im ›restringierten Kode‹ nicht nach Kriterien mittelständischen Sprachgebrauchs als von den Kindern intendierte Verletzung mittelständischer Regeln des Wohlverhaltens deuten.
4. Die Tendenz der Unterschichtkinder, wenig und nur knapp zu verbalisieren, darf bei der Leistungsbeurteilung nicht unbedingt als mangelndes Interesse am Lehrstoff interpretiert werden. Sie entspricht der Planungsstrategie im ›restringierten Kode‹.
5. Schließlich dürfen die Inhalte der Spracherziehung bei Aufsätzen und Lesestücken nicht wie bisher weitgehend außerhalb des Erfahrungsmilieus dieser Kinder liegen. Die seit längerem geforderte Lesebuchreform erhält unter diesem Gesichtspunkt eine zusätzliche Bedeutung.«[2]

2.22 Was heißt Sprache?

Wir wollen uns hier nicht allzu tief in die Kontroversen der Sprachphilosophen und Sprachtheoretiker begeben. Darum erfassen auch die im folgenden angeführten Merkmale das Phänomen »Sprache« bei weitem nicht hinreichend. Sie beschränken sich auf bestimmte notwendige Kriterien, welche verbürgen, daß sich mit ihnen die zwei noch angestrebten Problemkreise der sprachkritischen Textanalyse und der Kritik der Massenkommunikation ansatzweise beschreiben lassen.
Die unter 2.21 angeführten Unterscheidungsmerkmale zwischen Sprache und gewöhnlichem Signalsystem können hier also nochmals erwähnt werden:

2.221 *Interne Eigenheiten der Sprache*

A) Die Sprache kann Metasysteme bilden.
B) Die Sprache operiert mit Zeichen.
C) Die Sprache hat Sozialisationsfunktion.
D) Die Sprache ist abhängig von sozio-ökonomischen Bedingungen.

2.222 *Formale Bestimmungen der Sprache*

Die Sprache ist das Medium der Humankommunikation; sie läßt sich gemäß den Bestimmungen aus 2.221 als ein Beziehungssystem dreier Ebenen auffassen (vgl. auch die Graphik im Anhang 3.12):
A) Die syntaktische Ebene. Sie wird definiert durch die Regeln der Syntax, d. h. durch die Beziehungen der Zeichen untereinander.

B) Die semantische Ebene. Hier haben wir es mit Beziehungen zwischen Zeichen und Bezeichnetem zu tun, d. h. Objekten, Vorgängen, Eigenschaften etc.
C) Die pragmatische Ebene. Bei ihr handelt es sich um die Beziehungen, die zwischen den Zeichen und deren Benutzern bestehen.

2.223 *Strukturelle Bestimmungen der Sprache*
Hinsichtlich von Sprachsystemen, der Möglichkeit, sie umzusetzen, und den konkreten Sprechakten kann eine Unterteilung in Sprache, Sprachfähigkeit und Sprechen vorgenommen werden. Dabei bezeichnet Sprache:
A) Die Sprache ist ein System von Zeichen.
B) Während die Rede bei weitem nicht alle Möglichkeiten der Sprache aktualisiert, umfaßt die Sprache die diversen Tatsachen der Rede.
C) Die Sprache läßt sich vom Sprechen getrennt untersuchen.
(Es ließen sich noch eine Reihe anderer Bestimmungen finden.)

2.23 Das Wort und der Satz

Wir wollen ein geschlossenes sprachliches Gebilde einen Text nennen. Der Text ist eine sprachliche Nachricht. Sie läßt sich formal in Sätze und Wörter aufteilen.

2.231 *Das Wort*
Das Wort ist die kleinste bezeichnende sprachliche Einheit. Es gibt noch kleinere Einheiten, etwa Phoneme; sie haben jedoch keinen Bezeichnungscharakter mehr.
Diese Definition ist problematisch. Denn wir haben uns jetzt zu fragen, was unter »bezeichnen« verstanden werden soll. Das sieht zunächst einfach aus:
Der Sprecher hat es in seiner Umwelt mit Gegenständen, Prozessen, Konstellationen etc., kurz: mit Tatsachen zu tun. Diese Tatsachen kann er benennen.
Zu den Tatsachen Baum, Wettbewerb, olivgrün, Eifersucht, Kinderwagen etc. kann er sagen, »Dies ist ein Baum«, »Dies ist ein Wettbewerb«, »Dies ist olivgrün« etc.
Es hat also den Anschein, als würden den Tatsachen der Umwelt Wörter der Sprache zugeordnet.
Diese Auffassung wird schon dann mit erheblichen Bedenken belastet, wenn wir einmal einen Vergleich zwischen verhältnismäßig hoch entwickelten und verhältnismäßig primitiven Sprachen vollziehen. So berichtet Erhart Albrecht sehr ausführlich: »Die Sprachen . . . (der) auf niedriger Entwicklungsstufe stehenden Stämme und Völkerschaften zeichnen sich durch einen relativ großen, auf konkreten und bilderreichen Vorstellungen und auf der nuancierten Darstellung konkreter Verhaltensweisen . . . beruhenden Wortschatz aus. Die Sprache der Lappen

z. B. kennt etwa zwanzig verschiedene Wörter für besondere Arten von Eis, elf für kalt, einundzwanzig Wörter für Schnee in allen Formen, sechsundzwanzig Verba, um das Gefrieren und Auftauen zu bezeichnen. Weiter gibt es bei den Lappen verschiedene Wörter für die einzelnen Rentierarten. Es gibt besondere Ausdrücke, um ein Rentier von einem, von zwei, drei, vier, fünf . . . Jahren zu bezeichnen. In der arabischen Sprache soll es nach Klineberg ungefähr 6000 Wörter geben, die auf irgendeine Weise mit ›Kamel‹ zusammenhängen. Es werden Kamele nach ihrer Herkunft, ihren Diensten, ihrer Anzahl, ihrem Bewegungszustand, dem Grad ihrer Trächtigkeit und noch nach vielen anderen Hinsichten voneinander unterschieden. Die Kaffernsprache kennt allein für die Färbung und Zeichnung des Viehs 26 Bezeichnungen. Von einem Negerstamm wird berichtet, daß er 500 bis 800 Farbwörter für braune Farbtöne habe, wie sie in der Wüstenumgebung, in der er lebt, vorkommen. Der Maori . . . sieht rund 3000 mit Namen bezeichnete Farbnuancen. Die Sprache der ägyptischen Beduinen kennt zehn Ausdrücke für Arten des Sandes, die Sprache der Hausa-Neger etwa neunzig Wörter für Hirsearten usw.«[3]

Damit wird deutlich, daß das Verhältnis zwischen Wörtern und Tatsachen nicht das einer einfachen Zuordnung ist. Dies liegt prinzipiell nicht daran, daß die Tatsachen nicht eindeutig zu erkennen wären. Da aber in die Wortbildung auch psychosoziale Momente hineinspielen, also der Umstand, daß die Tatsachen der Umwelt je verschieden erfahren werden, zum Tragen kommt, wird es verständlich, daß die Tatsachen von den ihnen zuordenbaren Wörtern nie vollständig adäquat wiedergegeben werden. *Ein Lexikon ist demnach nicht die einfache, verbale Verdopplung der Tatsachen der Umwelt.*

Daß wir es bei Wörtern nicht mit einfachen Definitionen, getroffenen Vereinbarungen zu tun haben, ist leicht zu begreifen, wenn wir beachten, daß Wörter nicht nur Tatsachen bezeichnen können, sondern auch selber Tatsachen sind. Sie unterliegen historischen und sozialen Einflüssen.

2.232 *Der Satz*

Das Zusammentreffen von Tatsachen bildet einen Sachverhalt. (Ein Sachverhalt besteht in kombinierten Tatsachen.) Wie eine vermittelte Beziehung zwischen Tatsachen und Wörtern besteht, so gibt es auch vermittelte Beziehungen zwischen Sachverhalten und Sätzen.

Wir haben oben (2.23) die sprachliche Nachricht einen Text genannt. Wir sehen jetzt, daß die formale Aufteilung des Textes in Sätze und die der Sätze in Wörter möglich ist. Nun bleibt noch zu fragen, welche inhaltlichen Konsequenzen eine solche Einteilung zur Folge hat.

Dabei ist festzustellen, daß bei der Aufspaltung von Texten in Sätze zunächst kein qualitativer Unterschied auftaucht. Man kann sich sehr gut eine Unterhaltung vorstellen, die ein Frage-und-Antwort-Spiel darstellt, wobei Fragen und

Antworten jeweils nur aus einem einzigen Satz bestehen und doch eine Verständigung erfolgt. Der »Satz« ist also ein Grenzfall des »Textes«, gewissermaßen ein Minimaltext. Das heißt nichts anderes, als daß auch der Satz eine Nachricht ist. Als Text kann er semantisch (sprachinhaltlich) untersucht werden.

Bei einer semantischen Aufschlüsselung von Sätzen kann es bereits zu Komplikationen kommen. Es gibt bestimmte syntaktische Konstellationen, die dazu führen, daß Sätze zwar in der Regel, jedoch nicht ausschließlich Nachrichtenträger sind. Untersuchen wir zur Verdeutlichung zwei Beispielsätze:[4]

A: Später wurde der Brief von Klaus verlesen.

B: Später wurde der Brief von Klaus verlesen.

A:

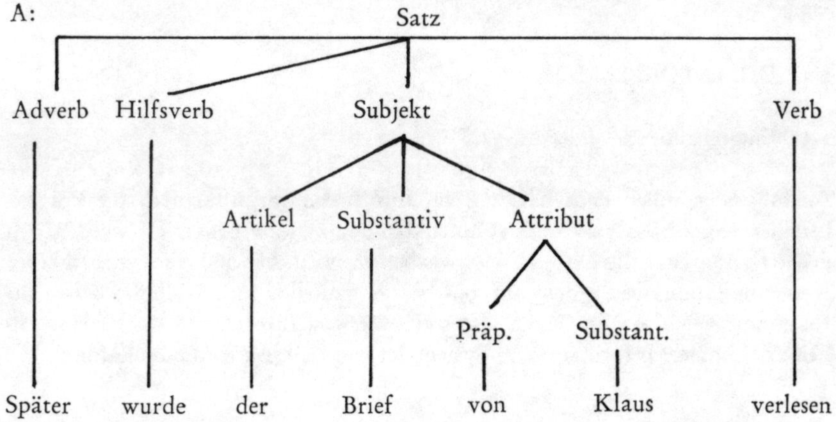

B:

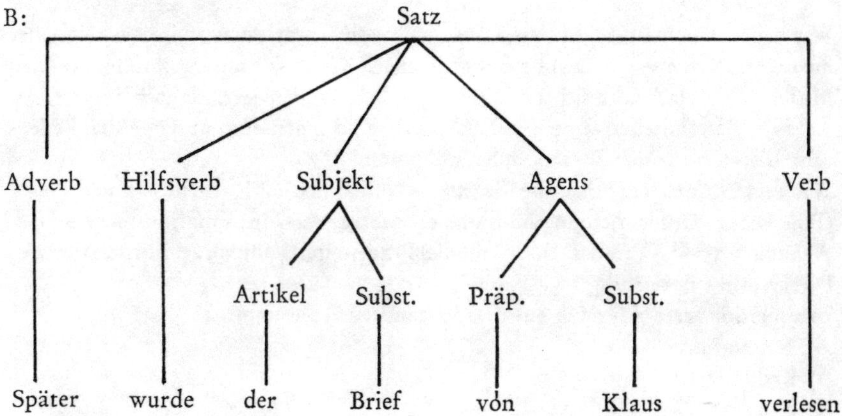

So wie (A) strukturiert, meint der Satz: *Später wurde der Brief, den Klaus geschrieben hatte, verlesen;* dagegen meint der Satz nach Strukturschema (B) gelesen: *Später verlas Klaus den Brief.* Wenn also ein solcher Satz gesprochen wird, so läßt sich immer erst aus dem größeren Zusammenhang mehrerer Sätze genau entnehmen, ob nun (A) oder (B) gemeint war.
Eine solche Ungenauigkeit läßt sich natürlich auch bei größeren Texten auffinden. Doch davon später; zunächst sei nur festgehalten, daß bei der Zerlegung von Texten in Sätze (Minimaltexte) und von Sätzen in Wörter der Grad der semantischen Ungenauigkeit stark ansteigt. Besonders steil wird dieser Anstieg vor allem, wo Sätze in einzelne Wörter zerlegt werden. Das Wort ist semantisch verschwommen. Eine Verständigung in einzelnen Worten ist außerordentlich schwierig, wenn nicht gar unmöglich.

2.3 DIE INFORMATION

2.31 Eingrenzung

Im folgenden sollen nach Klärung des Informationsbegriffes noch die Fragenbereiche »Sprachanalyse« und »Massenkommunikation« behandelt werden. Ich greife darum jetzt die Differenzen zwischen menschlicher und nicht-menschlicher Kommunikation nicht erneut auf, obwohl sie natürlich auch Einfluß auf den Informationsbegriff haben. Wenn also weiterhin von Information die Rede ist, so heißt das immer: Information im System der menschlichen Kommunikation.

2.32 Was heißt Information?

Wir haben Kommunikation als »Austausch von Nachrichten zwischen zwei oder mehreren Partnern« (2.122) bestimmt. Danach haben wir untersucht, mit welchen Mitteln eine Nachricht sich gestalten läßt. Wir wollen jetzt danach fragen, aus welchen Bestandteilen eine Nachricht sich zusammensetzt und welche Bedeutung diesen einzelnen Bestandteilen zukommt.
Wir setzen dazu zunächst die Begriffe »Nachricht« und »Information« gleich. (Eine exakte Unterscheidung im Sinne der statistischen Informationstheorie [vgl. Anhang 3.21 – A) und D)] ist für die Fragestellung im sprachlich-inhaltlichen Bereich nicht notwendig.)
Information setzt sich dann aus drei Bestandteilen zusammen:
A) Innovation
B) Redundanz
C) Kontext.

2.321 *Die Innovation*

Das spezifisch Neue einer Nachricht wollen wir *Innovation* nennen.

Deutlich wird dadurch auch schon mitgeteilt, daß »Innovation« ein relativer Begriff ist. Die Relativität bedarf eines Bezugsrahmens. Dieser Bezugsrahmen für den Innovationsbegriff ist das Vorverständnis. Mit »Vorverständnis« be zeichnen wir die Gesamtheit der Tatsachen bzw. Sachverhalte, die dem Empfänger einer bestimmten Nachricht zum Zeitpunkt des Empfangs bekannt sind nebst allen Beziehungen politischer, moralischer, ästhetischer, etc., kurz: ideologischer Art, in die er solches Wissen eingeordnet hat.

Betrachten wir einige Beispiele:

A) Der Fraktionsvorsitzende der CDU/CSU, Rainer Barzel, hat mit starken Bedenken auf die Mitgliedschaft von Kurt Georg Kiesinger in der NSDAP hingewiesen ...

B) Wie wir aus gut informierter Quelle erfahren haben, wird der Heilige Vater in seiner nächsten Enzyklika mitteilen, daß Gott tct ist ...

C) Am Dienstag hat der Botschafter der DDR bei Bundespräsident Heinemann sein Beglaubigungsschreiben überreicht ...

Etc. ...

Jeder dieser Sätze enthält mehrere Informationen: Allein aus Satz A) entnehmen wir 1. Rainer Barzel ist Fraktionsvorsitzender der CDU/CSU; 2. Kurt Georg Kiesinger war Mitglied der NSDAP; 3. dazu hat Barzel sich kritisch geäußert. Der Innovationscharakter dieser Informationen bestimmt sich nun am Wissensstand der Empfänger. (Wenn wir also etwa als Empfänger das Fernsehpublikum der BRD nehmen, so ist nicht schwer auszumachen, welche der Nachrichten den größten Innovationscharakter haben wird.)

Wir sollten uns aber nicht auf fiktive Beispiele beschränken, wenn wir die realen Konsequenzen des Zusammenspiels (oder fehlenden Zusammenspiels) von Innovation und Vorverständnis klar aufzeigen wollen. Der wird z. B. besonders deutlich, wenn die Presseberichterstattung des größten Teils der deutschen Zeitungen über eklatante soziale Konfliktsituationen analysiert wird. Als Indiz könnten etwa die Meldungen über den »Religionskrieg« zwischen Katholiken und Protestanten in Nordirland dienen. In der Regel konnte man sich ausführlich über die militanten Auseinandersetzungen zweier »Glaubensparteien« unterrichten lassen. Dabei wurde, was das wirkliche Erscheinungsbild anbelangt, von der Phänomenologie her also, noch nicht einmal falsch informiert; denn in der Tat bestehen die beiden Gruppen in den bürgerkriegsähnlichen Auseinandersetzungen zum einen, kleineren Teil fast ausschließlich aus Katholiken und zum anderen, großen Teil in der Hauptsache aus Protestanten. So gewinnt also die Auseinandersetzung zunächst den Anschein vehementer religiöser Streitigkeiten. Dieser Schein trügt jedoch völlig. Er ist eine Folge fehlender Hintergrundinformation, eines ungenügenden Vorverständnisses. Wenn man nämlich zuvor erfahren hätte, daß die sozialen Positionen in Nordirland etwa ähnlich verteilt liegen wie die Religionszugehörigkeit, und daß es gerade die Katholiken sind, die, nicht in erster Linie im Glauben, wohl aber, was ja entschieden schwerer wiegt, sozial unterdrückt werden; wenn man all dies also weiß, dann erst wird man in der Lage sein, wirklich begreifen zu können, was in Nordirland stattgefunden hat bzw. stattfindet: die soziale Auseinandersetzung, die Klassenkampfcharakter trägt und eben nur auf Grund der speziellen historischen Entwicklung Nordirlands in ihrer Phänomenologie für den unzureichend informierten Betrachter die schon beinahe anachronistischen Züge eines Religionskrieges trägt.

Dergleichen Beispiele sind zahllos. Erinnert sei lediglich noch an die Presseberichterstattung über Persien und an das Bild, welches sowohl die Presse in den USA als auch in der BRD von der Volksrepublik China gemalt haben. Ähnliches galt lange Zeit für die Vorstellungen über Lebensgewohnheiten in der DDR, wobei z. B. einfach lange Zeit verschwiegen wurde, welche wichtige Rolle die DDR inzwischen unter den Industrienationen der Welt spielt, damit so dem Bundesbürger in Unkenntnis der wahren Tatbestände weiterhin die Mär von den »hungernden Brüdern und Schwestern« konnte verkauft werden. Etc.

Es gibt eine Dialektik der Nachricht. Die pure Innovation, das nur Neue, nur Unbekannte, reicht nicht aus. Es kommt darauf an, daß Innovation auf ein Vorverständnis trifft, auf Grund dessen sie erst richtig entschlüsselt werden kann. *Das Vorverständnis, auf welches Innovation trifft, gehört zur Nachricht und muß mit ihr analysiert werden.*

2.322 *Die Redundanz*

All jene Bestandteile einer Nachricht, die nicht direkt der Mitteilung noch unbekannter Sachverhalte dienen, wollen wir *Redundanz* nennen.

Die Redundanz eines Textes bestimmt sich sowohl im Bezug auf den Text selbst als syntaktisch-semantischer Überfluß, wie auch bezüglich des jeweiligen Empfängers als bewußtseinsmäßig-ideologischer Überfluß.

Betrachten wir ein Beispiel. An Hand des sogenannten »Telegrammstils« soll die Reduktion eines Satzes auf seinen Innovationsgehalt gezeigt werden:

Ein nach München aufgegebenes Telegramm mag lauten: – Ich freue mich, daß ich am Montag, dem 19. Januar, nachmittags fünf Uhr in München eintreffen kann. – Dieser Satz enthält neben seinem Informationsgehalt ein hohes Maß an Überfluß; der entsteht: aus dem Ausdruck der Freude; dem Datum, da ja nur der *folgende* Montag gemeint sein kann, andernfalls ein Telegramm sich erübrigt und etwa ein Brief genügt hätte; der Ortsangabe, wenn die Nachricht an einen Empfänger in München gesandt wird; der Zeitangabe (kürzer: 17 h); aus dem Subjekt »ich«, da »eintreffe« allein dessen Funktion übernehmen kann. Nur von seiner Innovation her betrachtet hieße also der Satz: – Eintreffe Montag 17 h. –

Dabei haben wir es mit den beiden Möglichkeiten von Redundanz zu tun. So stellt etwa die Angabe des genauen Termins »nachmittags fünf Uhr« einen innersprachlichen Überfluß dar. Auf Grund semantischer Konventionen kann diese Angabe darum ganz unabhängig vom jeweiligen Empfänger auf »17 h« reduziert werden. Die Erwähnung des Datums »Montag, den 19. Januar« ist eine andere Art der Redundanz, die sich daraus ergibt, daß zur Nachrichtenübermittlung ein spezifisches Medium, der Telegraph, verwandt wird. Der Gebrauch dieses Medium signalisiert ganz unabhängig von der einzelnen Nachricht bereits »Eile« und »Dringlichkeit«; so versteht es sich dann von selbst, daß der erwähnte Montag nicht ein Tag in sechs oder acht etc. Wochen sein wird, sondern eben der nächstliegende. Die Ortsangabe »München« wird zur Redundanz durch die Relation zum Empfänger. An ihn ist das Telegramm gerichtet. Wir haben von ihm angenommen, daß er in München wohnt und vom Eintreffen eines Bekannten dort unterrichtet werden soll.

2.323 *Der Kontext*

Alle nicht internen Beziehungen einer Information sollen *Kontext* heißen.
Ein Kontext ist immer komplex. Seine Bestandteile wollen wir »Codes« nennen.
Wie etwa läßt sich dann der folgende Satz interpretieren?
»Da mir heiß geworden war, weil ich den Flammen sehr nahe kam und weil ich mich abmühte, sie zu löschen, fing der Wein an, in Form von Urin wirksam zu werden; ich entledigte mich dessen in einer solchen Menge und lenkte ihn so geschickt an die rechten Stellen, daß das Feuer in drei Minuten gänzlich gelöscht war und die übrigen Teile jenes prächtigen Gebäudekomplexes, dessen Bau so viele Menschenalter erfordert hatte, vor der Zerstörung bewahrt blieben.«
Auch wenn wir nicht genau wissen, woher dieser Satz stammt, so läßt sich doch in einer Art informationstheoretischer Detektivarbeit eine Menge von Details erschließen. So können wir etwa feststellen, ob es sich bei der Geschichte, der dieser Statz entstammt, um eine reale oder phantastische Fabel handelt. Der Ich-Erzähler löscht nämlich eine gewaltige Feuersbrunst an einem Teil eines prächtigen Gebäudekomplexes, indem er, wo sonst sicherlich mehrere Löschzüge benötigt worden wären, einfach nur uriniert. Bezüglich der Gebäude muß er schon ein wahrer Riese von Gestalt sein. Somit stellt er eine phantastische Figur dar, stammt aus einer Sage, einem Märchen, einem Mythos, einer Erzählung, etc.
Wir müssen jetzt unser Vorverständnis mobilisieren. Welche sagenhaften, mythischen, romanhaften, etc. Helden von Riesengestalt kennen wir? Die Zahl wird groß sein. Sie läßt sich aber einschränken. Denn welches dieser Monster erzählt in der Ich-Form? Eine Märchenfigur oder Gestalt aus Sage und Mythos in der Regel nicht; von ihr wird in der dritten Person berichtet. Also bleibt eigentlich nur ein Romanheld zu suchen. Etc.
Der Kontext des zitierten Satzes setzt sich aus einer Reihe verschiedener Codes zusammen. So etwa a. dem textspezifischen Code; der Satz ist Teil eines größeren

Textes (Swift, Gullivers Reisen); wir erfahren etwas über das Vorher und Nachher, über das Wann und Wo des Geschehens; b. dem ästhetisch-formalen Code; der größere Text ist eine romanhafte Reiseerzählung; durch diese Form wird angespielt auf die wahre Flut solcher Literatur infolge des populären »Robinson«; c. dem literarisch-historischen Code; die Gulliversche Brandlöschung greift in Analogie ein Verhalten einer anderen literarischen Figur, des Gargantua von Rabelais, auf; d. dem historisch-moralischen Code; die Episode vom pinkelnden Gulliver ist ein Affront gegen puritanische Eiferer; e. dem individualpsychologischen Code; die genüßliche Ausführung solcher und ähnlicher Episoden verweist auf überbetonte anale Züge des Autors; etc., etc.
Die Codes, aus denen ein Kontext sich zusammensetzt, können textspezifischer, ästhetischer, historischer, individualpsychologischer, literaturwissenschaftlicher, etc. Art sein. *Dabei gilt es, zu beachten, daß der wichtigste Code eines jeden Kontextes der soziale Code ist.* Ihn gilt es immer vorrangig zu rekonstruieren, denn er beeinflußt wesentlich alle anderen Bestandteile des Kontextes.

2.4 EXKURS ZUR SPRACHKRITIK

(Ehe jetzt die Untersuchung weitergeführt wird zu Problemen der Massenkommunikationsforschung, soll mit dem bereits erarbeiteten Organon versucht werden, inwieweit sich sinnvolle Aussagen über Texte machen lassen. Ich weise darauf hin, daß die Möglichkeiten der semantischen Sprachkritik begrenzt sind. Insbesondere kommt dem Aussagewert der Analyse auf dieser Ebene nur ein begrenzter analytischer Wert zu, weil die jeweiligen Voraussetzungen des Interpreten mit in die Ergebnisse eingehen, ohne daß sich ihr genauer Anteil daran ermitteln ließe. Gerade unter didaktischen Gesichtspunkten darf aber auf diese Möglichkeit nicht verzichtet werden; ein wichtiger Bestandteil kommunikationstheoretischer Überlegungen ist einfach die Fähigkeit einer flexiblen Sprachhandhabung und der bewußte Umgang mit dem Wort. Beides kann durch die Sprachanalyse gefördert werden.)
An zwei Beispielen seien die vielfältigen Möglichkeiten der Sprachanalyse verdeutlicht. Dabei handelt es sich einmal um einen Katalog bestimmter, ideologieverdächtigter Topoi und zum anderen um den Versuch einer Hintergrundanalyse bei einem bestimmten Text.

2.41 Dreizehn Figuren konservativer Rhetorik

Die Überschrift dieses Kapitals wurde gewählt in Anlehnung an Hans Magnus Enzensbergers »Sieben Hauptfiguren konservativer Rhetorik«. Enzensbergers sieben Figuren werden hier vorweg dem Titel nach aufgeführt. Sie sind inhaltlich nachzulesen.[5] Angeschlossen finden sich sechs weitere Figuren, die ich meiner Arbeit »Information und Redundanz«[6] entnehme. Die Liste der Beispiele läßt sich beliebig verlängern.

A) *Es ist alles nicht so schlimm.*

B) *Woanders ist es auch nicht besser.*

C) *Es ist schon immer so gewesen.*

D) *Bessermachen gilt nicht.*

E) *Niemand ist schuld an dem was ist.*

F) *Es ist gut so wie es ist.*

G) *Mitmachen ist besser als nörgeln.*

H) *Die Bösen sind immer die Andern.*

»Wir wollen nicht mit Ihnen ›diskutieren‹. Wir sind nicht nur der Diskussion in Ihrem Sinne nicht fähig: Wir verwerfen sie als Mittel der ideologischen Kampfes. Jede Diskussion braucht die Basis gemeinsamer Prinzipien. Diese Basis ist in Ihrem Falle nicht gegeben. Es geht hier nicht um eine Differenz von ›Meinungen‹, sondern um die Erkenntnis der existentiellen Gegnerschaft.« So tönt das Antwortschreiben des Deutschen Studenten-Anzeigers auf einen Brief von Prof. Helge Pross. Jede Diskussion brauche die Basis gemeinsamer Prinzipien; predigen hier jene, die an anderer Stelle sich nicht scheuen, unter dem Mantel demokratischer Gesinnung von den »linken Anarchisten«, der »Gammlerbande der Roten Garde« *Toleranz* zu fordern. Die Toleranz des DSA ist in höchstem Maße repressiv. Sie verlangt vom ideologischen Gegner Passivität; dieser hat ruhig alles über sich ergehen zu lassen: Konsequent gipfelt dann diese Gesinnung in der »Erkenntnis der existentiellen Gegnerschaft«: Da man mit dem Gegenüber nicht reden kann, muß er ruhig sich verhalten. Kommt er solcher Zumutung nicht nach, so wird er zur Bedrohung der eigenen Existenz.

I) *Tiere sind keine Menschen.*

Ich zitiere aus einer Schrift des Bundesministers für gesamtdeutsche Fragen: »Sie haben in diesem Büchlein nur von wenigen (Kommunisten) gelesen, mit denen Sie es jetzt zu tun haben. Es sind viel mehr, und sie sind hartnäckig und erfindungsreich wie Insekten. . . Knipsen Sie das Licht an. Sie können sie nur zertreten, wenn Sie sie sehen.« Denn, so schrieb schon 1886 Paul Bötticher, genannt de Lagarde, über die Fremden im Staate als Träger der Verwesung: »Mit Trichinen und Bazillen wird nicht verhandelt, Trichinen und Bazillen werden nicht ›erzogen‹, sie werden so rasch und gründlich wie möglich unschädlich gemacht«, d. h. eben: zertreten. Wenn er von seinen Gegnern spricht, mutiert der Faschist zum Zoologen. Letzte moralische und intellektuelle Vorbehalte verhindern, erneut auszusprechen, was den Unwilligen bevorsteht: Euthanasie. Die Spannung zwischen individuellem Vorbehalt und entmenschter Ideologie sublimiert in der Sprache. Indem man von jenen, die zu dulden man nicht gewillt ist, als von Tieren spricht, ist es ein leichtes, ihre Vernichtung zu fordern; sind doch Tiere immer schon getötet worden, wird ihre Ausrottung zur Pflicht, wenn es um wilde Tiere oder schädliche Insekten geht.

J) *Vernunft ist gut, Ratio ist schlecht.*

Hier spielt der Kritiker sich als der große Entlarver auf. Seine Strategie ist etwa von folgendem Typ: Man beginne seine Kritik mit einer defaitistischen Einstellung zur Möglichkeit von Aussagen überhaupt. So lassen sich nicht nur die Argumente des Gegners, sondern alle Argumente zerlegen. Hat man dergestalt die Basis der zu kritisierenden Argumentation zerstört, hält man inne, gibt unversehens jene Position auf, von der aus sich keine These mehr auf logische Weise vertreten ließe und kommt, gewissermaßen durch die Hintertür, mit all den wichtigen Gedanken – diese jetzt natürlich maskiert –, die doch gerade erst als nichtig demonstriert wurden. Einfachstes Handwerkszeug hierfür ist die Auswertung sprachlicher Redundanz: »Prinzipien« werden durch »Leitsätze«, die »Ratio« wird durch die »Vernunft« ad absurdum geführt. Die anscheinend vorhandenen Kontradiktionen solcher Argumentation sind de facto Tautologien.

K) *Pro domo – contra mallum.*

»Andere Worte wiederum hatten eine Doppelbedeutung, sie bedeuten etwas Gutes, wenn sie auf die Partei, und etwas Schlechtes, wenn sie auf deren Feinde angewandt wurden« – schreibt George Orwell in »1984«. Was in einer geschickten Handhabung solcher Identität der Gegensätze liegt, ist sicherlich noch nicht voll ausgeschöpft, zumal man zur Kennzeichnung zweier Lager noch zwei verschiedene Termini verwendet. Die Anfänge sind jedoch vielversprechend, wie ein Artikel in den »Deutschen Nachrichten« zeigt: »Walter Reder ist kein Mörder« – hier wird uns der deutsche Soldat vor Augen geführt, der seine Pflicht erfüllt. Der Gegner aber, kommunistische Partisanen, mordet. Das ist gleichsam ein Musterbeispiel der Umpolung: deutsch – kommunistisch; Soldat – Partisan; Pflichterfüllung – Mord.

L) *Assoziieren ist besser als nachdenken.*

Die bereits zitierten »Deutschen Nachrichten« illustrieren bestens die Technik einer Meinungsmache, die den Leser zur Assoziation reizt, um ihn dann selbst das Fallbeil betätigen zu lassen. Da heißt es etwa: »... Die Contergan-Welle haben wir hinter uns; sie hat uns Tausende von verkrüppelten Kindern beschert ...

(Womit also der Leser bereit wäre, allen Contergan-Ärzten, dem Contergan, ja den Medikamenten überhaupt den Teufel an den Hals zu wünschen. In diese Stimmung, also ins Schwarze, trifft der nächste Satz:) ... Jetzt ist die Antibabypille über uns gekommen.« Des restlichen Artikels bedarf es nicht mehr. Die Antibabypille alias Contergan ist bereits restlos vernichtet.

M) *Definieren ist besser als assoziieren.*

Mit Beiworten kann man dem Kundigen gängige Vokabeln schmackhaft machen. »Der wahre Grund«, »Der richtige Glauben«, »Die konservative Revolution« sind geläufige Beispiele solcher Strategie. Kommt man jedoch so den Worten nicht mehr bei, da sie im allgemeinen Sprachgebrauch schon zu verwurzelt sind, so wird ihr Bedeutungsgehalt einfach verzerrt oder uminterpretiert:

FUSSBALL: »Auf Fußballplätzen werden sportliche Entscheidungen getroffen, denen man zwar bei uns jeden patriotischen Kern zu nehmen versucht, der aber in den gesunden Staaten eine andere Rangordnung hat als bei uns.«

GENERATIONENPROBLEM: »Gehört zu den Grundgegebenheiten des Daseins.«

GLEICHBERECHTIGUNG: »Gleichheitswut«, »erklärbar aus einem primitiven Gefühl des Neides, das einen schlecht Weggekommenen zur Rache an allen vom Schicksal mehr Begünstigten treibt.«

PSYCHOANALYSE: »Psychologisch-analytische Haarspalterei natürlichster Gemütsreaktionen, verbunden mit einer permanenten neomarxistischen Gehirnwäsche.«

(Alle diese Beispiele stammen wieder aus den »Deutschen Nachrichten«.)

Etc.

2.42 Zur Funktion von Kontext und Redundanz

Zunächst die Story, eine triviale Tiergeschichte aus der »Neuen Post« (20, 1968). Die Numerierung in kleine Abschnitte stammt von mir. Die Abschnitte werden dann fortlaufend interpretiert.

Ein Eichhörnchen war sein einziger Freund

(1) Hans lebte auf einem großen Bauernhof in Süddeutschland. Seine Eltern kannte er nicht. Sie hatten ihn vor vielen Jahren, in eine Decke gehüllt, vor die Hoftür gelegt. Die Magd des Bauernhofes fand das Baby, nahm es zu sich und zog es auf.

(2) Hans wuchs zu einem umgänglichen jungen Burschen heran, der alle auf dem Hof anfallenden Arbeiten erledigte. Er tat es gewissenhaft und schweigsam, denn er war stumm.

(3) Die Angestellten des Bauern sahen Hans niemals lachen. Er liebte die Menschen nicht sonderlich, denn er fürchtete ihren Spott. Meist verbrachte er den Feierabend allein in seiner Kammer, oder er machte große Spaziergänge in die umliegenden Wälder.

(4) Bei einer dieser Wanderungen fand er im Spätherbst ein verletztes Eichhörnchen. . . Unendlich vorsichtig befreite Hans das Tier aus seinem Dornengestrüpp.

Es atmete hastig, und sein Herz pochte wie wild vor Angst, als Hans es in seinen großen Händen hielt. Einmal hob es den Kopf und seine Pfoten zuckten, aber mit einem erschreckten Piepen sank es wieder zurück. Es war zu schwach um sich zu wehren ...
(5) Hans trug es nach Hause und legte es in einen leeren Pappkarton. ... Der Winter kam ... und brachte Eis und Schnee. Das Eichhörnchen schien sich bald sehr wohl bei Hans zu fühlen ...
(65) Hans aber war glücklich: Endlich hatte er jemanden gefunden, für den er sorgen konnte. Endlich gab es jemanden, der ihn auch ohne Worte verstand. Und ohne, daß er sich dessen bewußt wurde, hängte er sein Herz immer mehr an das possierliche Tierchen.
(Etc.)

Materialien zur Aussagenanalyse.

(1) Hans	Namensklischee. »Hans im Glück«. Allerweltsname, zielt auf Verbindlichkeit.
lebte	Nicht etwa: »wohnte«, »arbeitete«, etc. Schon die Wortwahl suggeriert den geschlossenen Lebensraum. Bodenbeständigkeit. Geschichtslosigkeit. Entsprechend die einfache Vergangenheit in der Zeitwahl; »es war einmal...«; abgeschlossene Erkenntnis, die sich der Kritik entzieht
Bauernhof	Landleben – Gesundheit – Natur – Autonomie
Seine Eltern kannte er nicht	Geschichtslosigkeit. Kennt nicht seine Herkunft, also nicht seine Vergangenheit.
vor vielen Jahren	Zeitlos; keine genaue Altersangabe = Möglichkeit zur Identifikation für großen Leserkreis.
Magd	»Treue« Magd, Opfermut, Selbstaufgabe. Archetyp: nicht der »ausgebeutete« Dienstbote; aber die »Dienende«, die sich ihren Status selbst ausgewählt hat.
(Magd) fand ... nahm ... zog auf ... (Hans) wuchs heran ...	Assoziationsketten. Aufreihung von Trivialinformation drängt den Leser in die Autorenrolle; die Assoziationen erscheinen als die eigenen, die Geschichte wird selbst bestimmt. (vgl. auch (5) Winter ... Kam ... Brachte ... Eis ... Schnee).

(2) gewissenhaft, schweigsam ... ... denn er war stumm	a) Logische Form: Umgänglichkeit, Arbeitsamkeit, Gewissenhaftigkeit, Schweigsamkeit = positives Charakterbild; wird abhängig gemacht von der Stummheit, die so also positiv erscheint; b) literarische Form: Stummheit als Einzelsituation = Tragödie; tragische Einzelsituation wird als wünschenswert hingestellt.
(3) Angestellte	Spotten über Hans: böse; (dagegen MAGD: gut). Die Gruppe der Arbeiter auf dem Hof wird semantisch gespalten. Als Knechte und Mägde (urwüchsig, Herr-Knecht-Verhältnis wird nicht in Frage gestellt) sind sie gut; als Angestellte (selbstbewußt, mit Arbeitsverträgen, etc.) sind sie schlecht (vgl. 2.41–J und K).
Spott	Menschen werden definiert durch Möglichkeit zu sprechen; sprechen erscheint negativ als Spott. Der stumme Hans steht positiv dagegen; Kommunikation (damit Diskussion) wird abgelehnt. Entsprechend dann das positive Bild in (6): OHNE WORTE VERSTEHEN; rein emotionale Übereinstimmung ist besser als rational-verbale Auseinandersetzung.

Etc.

(An dieser Stelle wäre es angebracht, einmal in ähnlicher Manier Texte aus den Lehrbüchern [Deutsch, Gemeinschaftskunde ...] zu untersuchen. Die versteckte ideologische Information, die hintergründig angelegt ist und nicht direkt ausgesprochen wird, dürfte dort nicht wesentlich geringer sein. Auch die eigene Diktion [der Lehrer, der Schüler] kann hier kritisch untersucht werden.)

2.5 DIE MASSENKOMMUNIKATION

2.51 Kommunikation in der Gesellschaft

Bei der Untersuchung der Art menschlicher Kommunikation sind wir bereits zu einigen wichtigen Ergebnissen gelangt. Wenn wir sie rekapitulieren, werden wir jedoch feststellen, daß sich bezüglich der gesellschaftlichen Kommunikation Unterschiede feststellen lassen, die von erheblicher Bedeutung sind:

2.511 *Die interpersonale Kommunikation*

Wir erinnern uns kurz an die wichtigsten Momente dieser Kommunikationsbeziehung:

2.5111 Zweiseitige Sender-Empfänger-Relation

2.5112 Das Medium Sprache

2.5113 Komplexe sprachlich-soziale Innovation – Redundanz – Kontext – Beziehung.

2.512 *Die gesellschaftliche Kommunikation*

In Verbindung mit den Unterpunkten der interpersonalen Kommunikation zeigen sich folgende Besonderheiten:

2.5121 Einseitige Sender-Empfänger-Relation

2.5122 Die audiovisuellen, technischen Medien

2.5123 Komplexe sozial-mediale Beziehung zwischen Innovation, Redundanz und Kontext

2.52 Problemstellung

Mit den Punkten 2.5121, 2, 3 haben wir bereits ein Arbeitsgebiet begrenzt. Es kommt also darauf an, ganz bestimmte Definitionen darauf hin zu untersuchen, wie sich ihr analytischer Wert ändert, wenn wir mit ihnen nicht mehr Phänomene nur ganz allgemein gefaßter Kommunikationsbeziehungen oder auch der zwischenmenschlich-zweiseitigen Kommunikation untersuchen, sondern speziell das Gebiet der gesellschaftlichen Kommunikation heranziehen und damit auch die Problematik der Massenmedien und der Bewußtseinsmanipulation anschneiden. An einem Beispiel sei kurz demonstriert, wie wichtig die Differenzen sind, die im folgenden noch näher bestimmt werden sollen, bzw. was daraus folgt, wenn Unterscheidungen der hier angestrebten Art nicht vollzogen werden.

Im Zusammenhang mit dem Heraufkommen des Faschismus in Europa hatten sich, vor allem in den USA, mehrere Schulen von Sprachkritikern und Inhaltsanalytikern gebildet, die hauptsächlich daran arbeiteten, die faschistische Propaganda zu untersuchen. Die Zielsetzung ihrer Arbeit sollte sein, ein Organon zu erhalten, mit welchem man in die Lage versetzt wäre, aus sprachlichen Ankündigungen (etwa in Reden, Flugblättern, Parteiprogammen etc.) exakte Aufschlüsse über die zu erwartenden bzw. bereits vollzogenen sozialen und politischen Aktionen zu gewinnen. Dabei führte dann nicht nur die erste Euphorie zu bedenklichen sprachkritischen Hypothesen. Vielmehr ist festzustellen – und vor derlei Arbeiten muß gewarnt werden – daß auch heute noch versucht wird, von der Sprache her die Gesellschaft aufzurollen. Stellvertretend soll hier der amerikanische Publizist George Steiner zu Wort kommen:

»Eine Tatsache muß man sich klar vor Augen halten: an den Schrecken des Nazismus war die deutsche Sprache nicht ohne Schuld. Nicht nur, weil ein Hitler, ein Goebbels und ein Himmler zufällig deutsch sprachen. Der Nazismus fand in der Sprache genau das, was er benötigte, um seiner Rohheit Stimme zu verleihen. Hitler entdeckte im Innern seiner Muttersprache versteckte Hysterie, Verwirrung und die Eigenschaft hypnotischer Trance . . . Er hörte instinktiv in der deutschen Sprache eine andere Musik als die Goethes, Heines und Manns: eine krächzende Intonation, einen fast nebelhaften Jargon, auch ein gutes Teil Obszönität . . . Ein Hitler hätte freilich Giftreservoire und die Ignoranz der Moral in jeder Sprache gefunden. Infolge der jüngsten Geschichte aber waren diese nirgend woanders so bereit und so dicht an der Oberfläche der Gemeinsprache.«[7]

Solche und ähnliche Sackgassen wissenschaftlicher Argumentation existieren in großer Zahl. Die Sprache wird mit Akribie auf »Unmenschlichkeit«, »Brutalität«, etc. abgeklopft. In ihrer extremsten Fassung geht dann die Sprachkritik so weit, die konkreten gesellschaftlichen Mißstände, die Unterdrückung und grausame Behandlung von Minoritäten, soziale Ausbeutung, Diskriminierung, Militarismus, politischen Totalitarismus, etc. zurückzuführen auf spezifische sprachliche Strukturen. Indem man die Sprache, welche solche birgt, ändert, verändere sich die Gesellschaft gleichsam mechanisch mit.

Solcher Thesen nun müßte man nicht lange und auch dann nur ironisch gedenken, wenn sie nur harmlos-einflußlose Philologie wären. Sie sind jedoch weit mehr. Die Sprachkritiker haben ernstzunehmenden Einfluß gewonnen. Aus den USA wissen wir von Kongressen, auf denen führende Politiker sich von Linguisten beraten ließen. Wenn dabei methodisch wie beschrieben vorgegangen wird, so führen die Ergebnisse zur Verschleierung der wirklichen Verhältnisse. Eine solche Kritik deckt nicht auf; im Gegenteil, sie beschönigt.

Dieser Gefahr ist nur zu entgehen, wenn wir eine genaue und stimmige Betrachtung der Eigenheiten der gesellschaftlichen Kommunikation vornehmen. Nur so läßt es sich vermeiden, daß Arbeitshypothesen, die für die Textanalyse taugen mögen (vgl. etwa 2.41 und 2.42), unbesehen für Fragen Gebrauch finden, zu deren Lösung sie nicht, bzw. nur negativ beitragen mögen.

2.53 Daten zur Massenkommunikation[8]

Ehe jetzt die einzelnen Aspekte der Massenkommunikation behandelt werden, gibt es einige Daten zu vermitteln. Sie werden Informationen enthalten, die dann im weiteren Verlauf der Diskussion entweder noch direkt angesprochen und erklärt werden oder aber nach Kenntnis einiger zusätzlicher Merkmale massenmedialer Kommunikation sich von selbst verstehen.

2.531 *Anzahl der Massenmedien in der BRD*

Institution	Anzahl	(Bemerkungen)
Landesrundfunkanstalt	9	Diese Rundfunkanstalten strahlen das TV-Programm der ARD aus
Gemeinschaftliche Fernsehanstalt der Länder	1	Diese Fernsehanstalt produziert das Programm des ZDF
Bundesrundfunkanstalt	2	Deutsche Welle und Deutschlandfunk
Ausländische Rundfunkstation mit überregionalem deutschsprachigen Programm	1	RIAS Berlin
Rundfunkdienst für die ausländischen Stationierungsstreitkräfte	4	AFN, BFN, CFN, RFB
Ausländische Rundfunkorganisation mit fremdsprachigem Programm	4	Radio Free Europe, Voice of America, BBC Köln, Radio Liberty
Nachrichtenagentur	8	dpa; DIMITAG; epd; KNA; VWD; ap; upi; afp
Informationsdienst und Pressestelle	ca. 900	
Zeitung	547	Davon Tageszeitungen: 493 Wochenzeitungen: 54
Zeitschriften	790	Davon Publikumszeitschriften: 244 Fachzeitschriften: 497 Kundenzeitschriften: 49
Rundfunk- oder Fernsehwerbegesellschaft	7	BWF (Bayern) Bl. WF (Berlin) NWF (norddeutsch) RFW, WiSWF WS WIR WWF (westdeutsch)

Es ist festzuhalten, daß die Presseorgane auf privatwirtschaftlicher Ebene, die Rundfunk- und Fernsehanstalten hingegen auf öffentlich-rechtlicher Ebene orgasiert sind.

2.532 *Reichweite der Massenmedien*

Medium	Reichweite in % der Bevölkerung
Tageszeitung	79,8
Publikumszeitschrift	83,4
Rundfunk	83,0
Fernsehen	73,0

Anzumerken wäre hier, daß, bei Zusammennahme aller Medien und unter Berücksichtigung der Tatsache, daß über 60 % der Bevölkerung zwei und mehr Medien nutzen, an einem durchschnittlichen Werktag etwa 93 % der Bevölkerung von den Massenmedien erreicht werden. Die Zeit, die der einzelne Bürger in der BRD durchschnittlich pro Tag auf die Mediennutzung verwendet, beträgt etwa drei Stunden und zehn Minuten.

2.533 *Publikum der Massenmedien*

2.5331 Kriterium: Geschlecht

	Geschlecht (in %)	
Medium	männlich	weiblich
Tageszeitung	50	50
Publikumszeitschrift	46	54
Rundfunk	47	53
Fernsehen	46	54
(Anteil an der Gesamtbevölkerung)	(47)	(53)

2.5332 Kriterium: Schulbildung

	Schulbildung (in %)		
Medium	Volkssch.	Mittl. Reife	Abitur/Uni.
Tageszeitung	77	18	5
Zeitschriften	75	19	6
Rundfunk	76	18	6
Fernsehen	73	21	6
(Anteil an der Gesamtbevölkerung)	(78)	(17)	(5)

Während bei der Mediennutzung der Unterschied der Geschlechter kaum ins Gewicht fällt, zeigt sich, wenn wir als Kriterium der Mediennutzung den erhaltenen Bildungsgrad heranziehen, daß die Angehörigen jener Gruppe mit Volksschulbildung bezogen auf ihren Anteil an der Gesamtbevölkerung bei der Mediennutzung durchweg unterrepräsentiert sind, während die Gruppen mit mittlerer Reife, Abitur, bzw. Universitätsabschluß überrepräsentiert sind.

2.534 *Informationen der Massenmedien*

	Informationen (in %) aus					
Medium	Politik	Soz.-Ökon.	Kultur	Wissensch.	Sport	Versch.
TV I	46,43	17,46	5,42	4,76	10,98	14,95
TV II	44,54	13,10	5,68	3,93	14,12	18,63
FAZ	24,51	31,66	8,18	4,37	11,90	19,38
DIE WELT	26,24	34,47	9,79	2,22	9,50	17,78
SZ	24,57	31,04	8,26	1,17	19,21	15,75
BILD	12,62	11,81	3,09	2,28	28,99	41,21
Durchschnitt:	27,52	27,66	7,70	2,90	14,62	19,60

2.535 *Zur Kommunikationspolitik der Massenmedien*

Zur Abhängigkeit der Anzahl der Fernsehzuschauer eines bestimmten Sendetitels von der Art des Gesamtprogrammes, bzw. des nachfolgenden Titels liefert folgende Tabelle interessantes Material:

Sendetermin	Sendetitel (I)	Sendetitel (II)	Sehbeteiligung I %	Sehbeteiligung II %
21. 10. 1960	Die Machtergreifung	Es ist soweit (1) (Kriminalfilm)	69	50
4. 11. 1960	Die Gleichschaltung	Es ist soweit (5)	64	62
27. 1. 1961	Die Blitzkriege	Eiskunstlauf	64	66
16. 12. 1960	Die Generalproben	Ballettimpressionen	48	25
19. 5. 1961	Das Ende	5000 Jahre ägyptische Kunst	42	10

2.536 *Internationale Verteilung der Massenmedien*

2.5361 Zahl der Zeitungsexemplare, Hörfunkgeräte, Kinositze und Fernsehgeräte pro 100 Personen

	Zeitung	Hörfunk	Kino	Fernsehen
Weltdurchschnitt	9,8	13,2	2,3	3,8
Afrika	1,2	2,3	0,6	0,7
Nordamerika	25,0	73,0	5,5	23,4
Südamerika	8,0	11,0	3,4	2,0
Asien	4,0	2,1	0,6	0,6

	Zeitung	Hörfunk	Kino	Fernsehen
Weltdurchschnitt	9,8	13,2	2,3	3,8
Europa	23,0	21,0	5,4	7,4
Ozeanien	29,0	20,1	7,7	8,8
UdSSR	18,1	20,5	5,6	3,0
Drei überwiegend unterentwickelte Regionen (mit 2/3 der Weltbevölkerung)	3,8	2,7	0,8	0,6
Vier überwiegend entwickelte Regionen (mit 1/3 der Weltbevölkerung)	22,7	35,8	5,5	10,7

2.5362 Zahl der Zeitungstitel, Hörfunkstationen, produzierten Filme pro Jahr und Fernsehsender

	Zeitung	Hörfunk	Kino	Fernsehen
Afrika	220	400	43	25
Nordamerika	2200	5700	306	759
Südamerika	750	1900	59	87
Asien	1270	1220	1618	258
Europa	2980	2820	1036	1406
Ozeanien	110	250	1	19
UdSSR	460	410	137	173

2.54 Der Prozeß der Massenkommunikation

Nach der von Harold D. Lasswell 1947 formulierten Arbeitshypothese »*Who / says what / in which channal / to whom / with what effect?*« ergibt sich folgende Differenzierung der Analyse massenmedial vermittelter Information:

Wer – Kommunikationsforschung (control analysis)
sagt was – Aussagenanalyse (content analysis)
mit welchen Mitteln – Medienforschung (media analysis)
zu wem – Publikumsforschung (audience analysis)
mit welcher Wirkung – Wirkungsforschung (effect analysis).

Dabei sind die einzelnen Aspekte nicht unabhängig voneinander zu behandeln. Sie bedingen sich gegenseitig; und nur ihre gemeinsame Analyse gewährleistet, daß der Vorgang der Massenkommunikation voll erkannt wird.

Wenn die verschiedenen Möglichkeiten der Betrachtung des gesellschaftlichen Kommunikationsprozesses jetzt kurz einzeln betrachtet werden, so soll das in einer anderen als der von Lasswell gegebenen Reihenfolge geschehen. Es kommt nämlich vor allem darauf an, nicht so sehr die formalen Besonderheiten der Massenkommunikation gleichsam tabellarisch aufzuweisen, sondern vielmehr die inhaltlichen Konsequenzen darzustellen, die aus solchen Besonderheiten sich ergeben. Dabei werden dann auch die verschiedenen Aspekte der einzelnen Punkte unserer Einteilung, wie etwa ihre juristische, soziale, bildungspolitische, ökonomische, technologische etc. Bedeutung zu untersuchen sein.

2.541 *Die Mittel der gesellschaftlichen Kommunikation*

Zunächst einmal spielen hier natürlich Momente eine Rolle, wie sie auch im System der zwischenmenschlichen Kommunikation zu finden sind. Wir können unterscheiden zwischen der Art der einzelnen Signalsysteme und zwischen der Ausformung der jeweiligen Kanäle. Signalsysteme können (verbale) Zeichensysteme sein; daneben gibt es aber auch nicht verbale, akustische und optische Signalsysteme. Die Ausformung der Kanäle kann etwa natürlich sein; d. h., der Sender bedient sich der Gestik, der Mimik, der Stimme. Daneben gibt es technisch bestimmte Kanäle; sie reichen vom Totempfahl bis zum Fernsehsender.

Zwischen Signalsystem und Kanal bestehen gegenseitige Beziehungen. Nicht über jeden beliebigen Kanal kann jedes beliebige Signal gesendet werden. Ein Kanal mit akustischer Bestimmung kann keine otpischen Signale übernehmen (Radio), ein solcher mit optischer Bestimmung ist u. U. ungeeignet zur Sendung akustischer Signale (Zeitung, Illustrierte) etc.

Damit wir massenkommunizierte Aussagen exakt bestimmen können, müssen über diese allgemeinen Merkmale der Kommunikation hinaus noch zusätzliche Informationen bekannt sein. Je nach dem Gewicht, welches den einzelnen neuen Informationen zubemessen wird, kann man zu verschiedenen Bestimmungen der Massenkommunikation kommen. In unserem Fall wählen wir den einfachen und klar gegliederten Massenkommunikationsbegriff von Gerhard Maletzke und verstehen demnach unter *Massenkommunikation* alle Formen von Kommunikation, bei der Aussagen

»öffentlich	(also ohne begrenzte und personell definierte Empfängerschaft)
durch technische Verbreitungsmittel	(Medien)
indirekt	(also bei räumlicher oder zeitlicher oder raumzeitlicher Distanz zwischen den Kommunikationspartnern)
und einseitig	(also ohne Rollenwechsel zwischen Aussagendem und Aufnehmendem)
an ein disperses Publikum	(also eine nicht homogene Gruppe mit nicht immer genau zu ermittelnden Beziehungen)

vermittelt werden.«[9]

2.5411 Technische Aspekte

Ausgehend von dieser Definition ergeben sich bereits einige Konsequenzen für den Vorgang der Massenkommunikation, die, wiederum in Anlehnung an Maletzke, kurz erwähnt seien. Sie betreffen hauptsächlich die Beziehungen, die, bestimmt durch die Ausformung des Mediums, sich zwischen Medium und Empfänger ergeben. Dabei gilt im einzelnen für die Medien

»*Gedrucktes Wort:*
Die Aussage wird optisch vermittelt. Der Rezipient ist in seinem Verhalten gebunden, dagegen zeitlich frei. Er ist unabhängig von einer bestimmten Umgebung. Lesen ist eine Angelegenheit des einzelnen, ein individueller Akt. Die Aussage ist grundsätzlich Konserve.
Schallplatte:
Die Aussage wird nur akustisch geboten. Der Rezipient ist sowohl im Verhalten als auch in der Zeit und schließlich auch in der Wahl der räumlichen Umgebung frei. Schallplatten pflegt man als einzelner oder in der Intimgruppe zu hören, während das Hören im Präsenzpublikum verhältnismäßig selten vorkommt. Schallplatte ist immer Konserve.
Film:
Die Aussage wird entweder nur optisch (Stummfilm) oder optisch-akustisch (Tonfilm) vermittelt. Sowohl im Verhalten als auch in der Zeit als auch in der Wahl der räumlichen Situation ist der Rezipient gebunden. In der Regel wird die Aussage innerhalb eines Präsenzpublikums erlebt. Film ist immer Konserve.
Rundfunk:
Die Aussage wird nur akustisch übertragen. Der Rezipient kann sich frei bewegen und anderen Tätigkeiten nachgehen, ist jedoch an den Sendetermin gebunden. Im allgemeinen geschieht das Rundfunkhören in der häuslichen Umgebung in der Intimgruppe oder auch einzeln. Der Rundfunk bietet sowohl Konserve als auch Life-Sendungen.
Fernsehen:
Die Aussage wird optisch-akustisch vermittelt. Im Verhalten und in der Zeit ist der Rezipient gebunden. Das Zuschauen vollzieht sich meist im Heim in der Intimgruppe oder einzeln. Das Fernsehen kann Konserve oder Life-Sendungen bieten.«

Die Beziehungen der Medien und Rezipienten sind also sehr intensiv durch die technische Ausformung des jeweiligen Kanals bestimmt. Technisch bestimmt ist auch der wichtigste Unterschied zwischen der interpersonalen und der massenmedialen Kommunikation; auch er ergibt sich bereits aus unserer obigen Definition: *Massenkommunikation ist immer ein einseitiger Vorgang. Für den Empfänger von massenmedial vermittelten Inhalten gibt es kein Medium der Replik* (vgl. 2.5121).

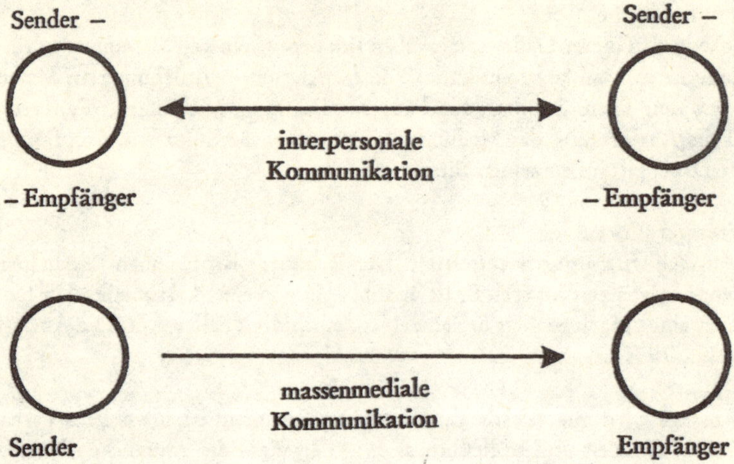

2.5412 Rechtliche Aspekte

Ihre sehr große Reichweite, ihr bedeutender Einfluß auf den gesellschaftlichen Willensbildungsprozeß, die Tatsache der technischen Ausformung bzw. der dadurch bedingten Einseitigkeit im Verständigungsprozeß etc. haben dazu geführt, daß der Massenkommunikation ein besonderer rechtlicher Schutz gewährt wurde, der allerdings auch mit besonderen sozialen Verpflichtungen verbunden ist.

Artikel 5, Absatz 1 des Grundgesetzes beschreibt die rechtliche Situation der Massenmedien:

»Jeder hat das Recht, seine Meinung in Wort, Schrift und Bild frei zu äußern und zu verbreiten und sich aus allgemein zugänglichen Quellen ungehindert zu unterrichten. Die Pressefreiheit und die Freiheit der Berichterstattung durch Rundfunk und Film werden gewährleistet. Eine Zensur findet nicht statt.«

Es ist nun nicht ganz einfach, diesen Absatz von Artikel 5 des Grundgesetzes zu interpretieren. Da nämlich Art. 5, Abs. 1, Satz 1 GG das Recht auf freie Meinungsäußerung ganz allgemein in Wort, Schrift und Bild gewährleistet, wurde von vielen Juristen lange Zeit argumentiert, es sei die Pressefreiheit nur ein Unterfall der Meinungsfreiheit. Daraus würde folgen, daß es im juristischen Sinne letztlich keinen Unterschied ausmachte, ob nun ein Meinungsaustausch zwischen Nachbarn über den Gartenzaun hinweg stattfindet oder man sich zur Äußerung seiner Meinung eines publizistischen Mittels wie etwa einer Zeitung bedient.

Die Konsequenzen, die eine solche Rechtsauffassung hat, treten klar zutage. Dadurch nämlich wird der entscheidende Unterschied zwischen privater und öffentlicher Meinungsäußerung verwischt. Die private Meinungsäußerung kann spontan sein, unüberlegt, kann in der Regel immer wieder ohne großen Schaden widerrufen werden etc. Eine öffentliche Meinungsäußerung über die Massenmedien dagegen hat ganz andere Folgen. Vor allem ist ihr politisches Gewicht und

der Grad der Beeinflussung beim Empfänger (allein quantitativ gemessen) weitaus größer.
Das Bundesverfassungsgericht hat denn auch einige entscheidende Klarstellungen zu Art. 5, Abs. 1 GG formuliert: »Das Grundrecht auf freie Meinungsäußerung ist als unmittelbarster Ausdruck der menschlichen Persönlichkeit in der Gesellschaft eines der vornehmsten Menschenrechte überhaupt. Für eine freiheitliche demokratische Staatsordnung ist es schlechthin konstituierend, denn es ermöglicht erst die ständige geistige Auseinandersetzung, den Kampf der Meinungen, der ihr Lebenselement ist. Es ist in gewissem Sinne die Grundlage jeder Freiheit überhaupt.«
Daß es sich dabei um keine formale Bestimmung handeln soll, wird zusätzlich erläutert: »Die Auffassung, daß nur das Äußern einer Meinung grundrechtlich geschützt sei, nicht die darin liegende oder bezweckte Wirkung auf andere, ist abzulehnen. Der Sinn einer Meinungsäußerung ist es gerade, geistige Wirkung auf die Umwelt ausgehen zu lassen, meinungsbildend und überzeugend auf die Gesamtheit zu wirken.«
Was ergibt sich nun, so müssen wir jetzt fragen, aus diesen grundsätzlichen Erklärungen zum Recht auf freie Meinungsäußerung für die Massenmedien?
Wir haben bereits festgestellt, daß Meinungsfreiheit und Pressefreiheit nicht identisch sein können. Zu dieser Ansicht gelangt auch das Bundesverfassungsgericht, wenn es erklärt: »Die Pressefreiheit ist mehr als nur ein Unterfall der Meinungsfreiheit, da darüber hinaus die institutionelle Eigenständigkeit der Presse ... gewährleistet ist.« Art. 5, Abs. 1, Satz 2 GG ist also als eine institutionelle Garantie verstehen.
Was daraus nun für die Äußerung einer Meinung mit Hilfe von Massenmedien zu folgern sei, ist umstritten. Es erscheint aber am einsichtigsten, wenn argumentiert wird, daß aus der zusätzlichen Grundgesetzgarantie für die Massenmedien auch zusätzliche Bestimmungen für die Meinungsäußerung mit Hilfe dieser Medien resultieren müßten. Es muß also ein rechtlicher Unterschied gemacht werden zwischen einer privaten und einer öffentlichen Meinungsäußerung.
Dazu gehört einmal, daß zu fordern ist, eine öffentliche Meinungsäußerung trage mehr gesellschaftliche Verantwortung denn eine private. Dazu gehört aber auch weiter die Forderung, daß gesellschaftliche Minoritäten, also kleine und schwache gesellschaftliche Gruppen, nicht von der gesellschaftlichen Meinungsbildung ausgeschlossen werden, während einzelne gesellschaftliche Gruppen ein immer stärker werdendes Meinungsmonopol gewinnen, weil sie in zunehmendem Maße die Presse kontrollieren und konkurrierende Vorstellungen nicht mehr zulassen.

2.5413 Ökonomische Aspekte

In diesem Zusammenhang, im Hinblick also auf gesellschaftliche Meinungsmonopole, müssen wir uns mit der Frage der Pressekonzentration beschäftigen. Das be-

deutet gleichzeitig, nach der Bedeutung und Berechtigung des Slogans »Enteignet Springer« zu fragen.
Dabei gilt es vorab festzuhalten, daß gerade für die Situation in der Bundesrepublik Deutschland allgemeine Urteile zu diesem Thema nur vorsichtig und auf Tendenzen bezogen abgegeben werden können. Denn noch verhält sich die Lage auf dem Sektor »Massenmedien« so, daß zwar Zeitungen, Illustrierten, Zeitschriften etc. privatwirtschaftlich organisiert sind, wohingegen Rundfunk und Fernsehen Anstalten des öffentlichen Rechts sind. Andererseits aber kann mit einiger Wahrscheinlichkeit vorhergesagt werden, daß diese Situation sich in kürzester Zeit ändern wird. Erstens gibt es nämlich in einer ganzen Reihe von vergleichbaren Ländern bereits privatwirtschaftliche Rundfunk- und Fernsehstationen. Und weiter haben ja gerade die Ereignisse der letzten Zeit bewiesen, wie intensiv und machtvoll gleichgerichtete Bestrebungen in der BRD sind.
Wenn wir uns also in diesem Kapitel auf die Presse beschränken, so entspricht das dem augenblicklichen Stand der Entwicklung und kann darüber hinaus in bezug auf Tendenzen zur Privatisierung weiterer Massenmedien liefern.
»Die Presse ist ein Gewerbe. Sie geht auf Gewinn. Sie verbreitet Nachricht, Meinung, Unterhaltung als Ware und unterliegt damit den Gesetzen der Warenproduktion.« So lautet Werner Hofmanns erste von zehn Thesen zum Thema Springer. In direkter Fortsetzung formuliert die zweite: »Die Presse folgt den allgemeinen Tendenzen der Gewerbe: zunehmende Anlageintensität des Betriebes, wachsendes Gewicht der fixen Kosten und damit Zwang zur Massenproduktion; Tendenz zur Zusammenfassung der umschlagenden Einzelkapitalien, zur Rationalisierung des Kapitalaufwandes und Verkürzung der Kapitalumschlagzeit, und daher zu Produktion, Vertrieb und Einkauf im großen (›Konzentration‹); Betätigung von Macht auf den Märkten: von Macht über die Verteiler, über die Lieferanten, über die Käufer.«[11]
Eine so definierte Monopolstellung war durch den Springer-Verlag schon seit langem gegeben. Folgende Zahlen mögen die Position des Verlages zur Zeit seiner größten Ausdehnung verdeutlichen:

Die wichtigsten Springer-Organe und ihre Auflagenziffern (verkaufte Auflage in 1000; Stand vom 4. Quartal 1967)[12]

1. Zeitungen

DIE WELT	226
Hamburger Abendblatt	308
BERLINER MORGENPOST	238
Bild	4165
BZ (Berliner Zeitung)	327

Bild am Sonntag	2442
Welt am Sonntag	398
2. *Zeitschriften*	
Hör Zu	4051
Funk-Uhr	761
BRAVO	765
Twen	181
Das Neue Blatt	1115
Kicker	214
Eltern	1246
(JASMIN [seit März 1968]	1200)

Für denselben Zeitpunkt erscheint der prozentuale Anteil des Hauses Springer bezogen auf die jeweiligen Gesamtauflagen von Zeitungen, Zeitschriften etc. wie folgt:[13]

Jahr	Publikationsorgan	Springer-Anteil
1958	Tageszeitungen	22,6
1967		29,4
1958	Boulevard-Zeitungen	72,9
1967		81,6
1958	Publikumszeitschriften	11,1
1967		15,7
1958	Programmzeitschriften	46,8
1967		57,6

Das Bild hat sich inzwischen natürlich gewandelt. Doch kann man aus der Tatsache, daß Axel C. Springer eine ganze Reihe von Zeitungen abgestoßen und eine Verbindung mit einem anderen Großverlagshaus eingegangen ist, nicht etwa folgern, die Lage habe sich gebessert. Im Gegenteil. Die Ereignisse haben gezeigt, daß die Situation noch wesentlich bedrohlicher geworden ist. Konzentration und Verflechtung haben in einem Ausmaß zugenommen, das es fast unmöglich macht, die einzelnen Verknüpfungen noch alle miteinander in Verbindung zu sehen. (Die nachstehende Tabelle aus DER SPIEGEL v. 9. März 1970 mag das verdeutlichen.) Wie macht sich nun aber diese gewaltige Konzentration auf dem Markt und für die einzelnen Kommunikationsteilnehmer bemerkbar? Diese Frage findet Antworten auf zwei Ebenen. Einmal bleibt festzuhalten, daß der monopolistische Betrieb auf Grund der Marktgesetzlichkeit zu immer größerer Ausdehnung tendiert (A). Daraus folgt direkt die Zielsetzung und Möglichkeit der Unterdrückung und Ausschaltung von Konkurrenten (B).[14]

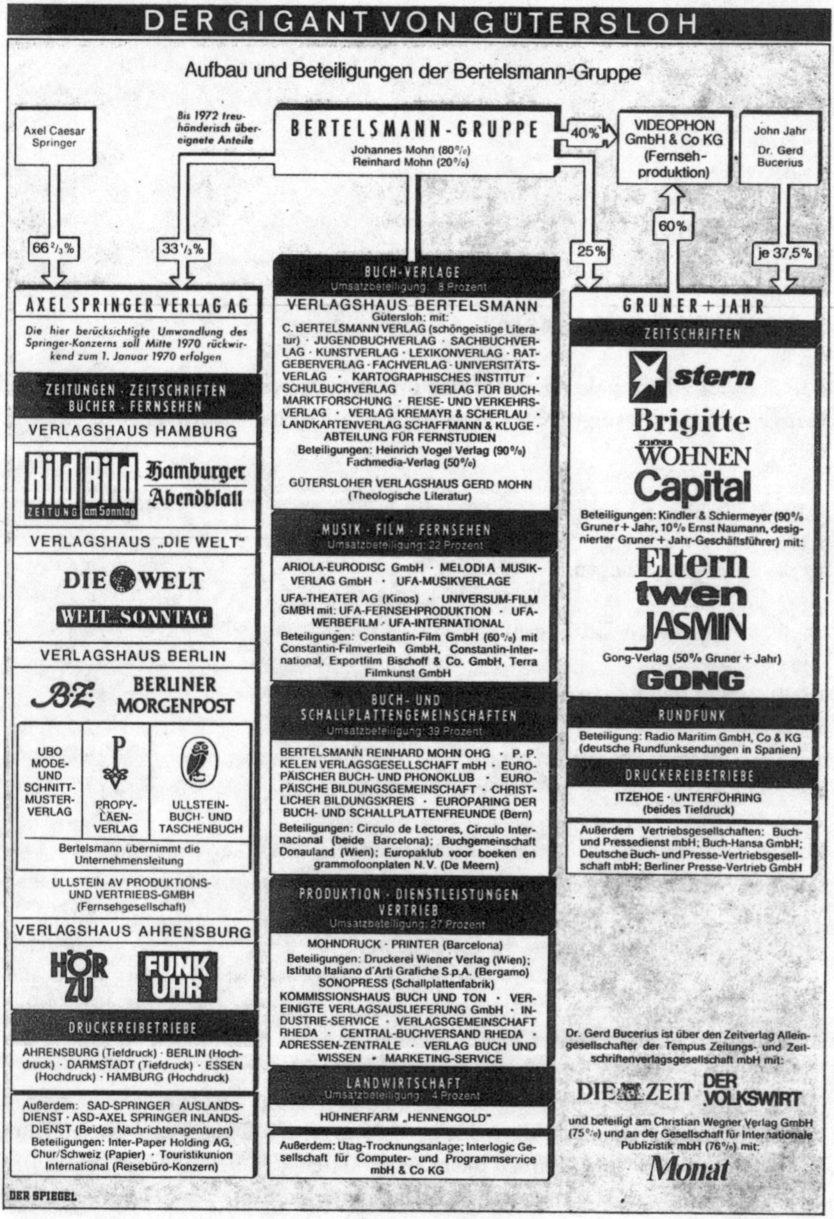
DER GIGANT VON GÜTERSLOH
Aufbau und Beteiligungen der Bertelsmann-Gruppe
Axel Caesar Springer
Bis 1972 treuhänderisch übereignete Anteile
BERTELSMANN-GRUPPE
Johannes Mohn (80%)
Reinhard Mohn (20%)
40%
VIDEOPHON GmbH & Co KG (Fernseh-produktion)
John Jahr
Dr. Gerd Bucerius
66⅔%
33⅓%
25%
60%
je 37,5%
AXEL SPRINGER VERLAG AG
Die hier berücksichtigte Umwandlung des Springer-Konzerns soll Mitte 1970 rückwirkend zum 1. Januar 1970 erfolgen
ZEITUNGEN · ZEITSCHRIFTEN
BÜCHER · FERNSEHEN
VERLAGSHAUS HAMBURG
Bild ZEITUNG
Bild am Sonntag
Hamburger Abendblatt
VERLAGSHAUS „DIE WELT"
DIE WELT
WELT am SONNTAG
VERLAGSHAUS BERLIN
B.Z.
BERLINER MORGENPOST
UBO MODE- UND SCHNITT-MUSTER-VERLAG
PROPY-LÄEN-VERLAG
ULLSTEIN-BUCH- UND TASCHENBUCH
Bertelsmann übernimmt die Unternehmensleitung
ULLSTEIN AV PRODUKTIONS- UND VERTRIEBS-GMBH (Fernsehgesellschaft)
VERLAGSHAUS AHRENSBURG
HÖR ZU
FUNK UHR
DRUCKEREIBETRIEBE
AHRENSBURG (Tiefdruck) · BERLIN (Hochdruck) · DARMSTADT (Tiefdruck) · ESSEN (Hochdruck) · HAMBURG (Hochdruck)
Außerdem: SAD-SPRINGER AUSLANDS-DIENST · ASD-AXEL SPRINGER INLANDS-DIENST (Beides Nachrichtenagenturen)
Beteiligungen: Inter-Paper Holding AG, Chur/Schweiz (Papier) · Touristikunion International (Reisebüro-Konzern)
BUCH-VERLAGE
Umsatzbeteiligung: 8 Prozent
VERLAGSHAUS BERTELSMANN
Gütersloh; mit:
C. BERTELSMANN VERLAG (schöngeistige Literatur) · JUGENDBUCHVERLAG · SACHBUCHVERLAG · KUNSTVERLAG · LEXIKONVERLAG · RATGEBERVERLAG · FACHVERLAG · UNIVERSITÄTSVERLAG · KARTOGRAPHISCHES INSTITUT · SCHULBUCHVERLAG · VERLAG FÜR BUCHMARKTFORSCHUNG · REISE- UND VERKEHRSVERLAG · VERLAG KREMAYR & SCHERLAU · LANDKARTENVERLAG SCHAFFMANN & KLUGE · ABTEILUNG FÜR FERNSTUDIEN
Beteiligungen: Heinrich Vogel Verlag (90%) Fachmedia-Verlag (50%)
GÜTERSLOHER VERLAGSHAUS GERD MOHN (Theologische Literatur)
MUSIK · FILM · FERNSEHEN
Umsatzbeteiligung: 22 Prozent
ARIOLA-EURODISC GmbH · MELODIA MUSIKVERLAG GmbH · UFA-MUSIKVERLAGE
UFA-THEATER AG (Kinos) · UNIVERSUM-FILM GMBH mit: UFA-FERNSEHPRODUKTION · UFA-WERBEFILM · UFA-INTERNATIONAL
Beteiligungen: Constantin-Film GmbH (60%) mit Constantin-Filmverleih GmbH, Constantin-International, Exportfilm Bischoff & Co. GmbH, Terra Filmkunst GmbH
BUCH- UND SCHALLPLATTENGEMEINSCHAFTEN
Umsatzbeteiligung: 39 Prozent
BERTELSMANN REINHARD MOHN OHG · P. P. KELEN VERLAGSGESELLSCHAFT mbH · EUROPÄISCHER BUCH- UND PHONOKLUB · EUROPÄISCHE BILDUNGSGEMEINSCHAFT · CHRISTLICHER BILDUNGSKREIS · EUROPARING DER BUCH- UND SCHALLPLATTENFREUNDE (Bern)
Beteiligungen: Circulo de Lectores, Circulo Internacional (beide Barcelona); Buchgemeinschaft Donauland (Wien); Europaklub voor boeken en grammofoonplaten N.V. (De Meern)
PRODUKTION · DIENSTLEISTUNGEN VERTRIEB
Umsatzbeteiligung: 27 Prozent
MOHNDRUCK · PRINTER (Barcelona)
Beteiligungen: Druckerei Wiener Verlag (Wien); Istituto Italiano d'Arti Grafiche S.p.A. (Bergamo) SONOPRESS (Schallplattenfabrik)
KOMMISSIONSHAUS BUCH UND TON · VEREINIGTE VERLAGSAUSLIEFERUNG GmbH · INDUSTRIE-SERVICE · VERLAGSGEMEINSCHAFT RHEDA · CENTRAL-BUCHVERSAND RHEDA · ADRESSEN-ZENTRALE · VERLAG BUCH UND WISSEN · MARKETING-SERVICE
LANDWIRTSCHAFT
Umsatzbeteiligung: 4 Prozent
HÜHNERFARM „HENNENGOLD"
Außerdem: Utag-Trocknungsanlage; Interlogic Gesellschaft für Computer- und Programmservice mbH & Co KG
GRUNER + JAHR
ZEITSCHRIFTEN
stern
Brigitte
SCHÖNER WOHNEN
Capital
Beteiligungen: Kindler & Schiermeyer (90% Gruner + Jahr, 10% Ernst Naumann, designierter Gruner + Jahr-Geschäftsführer) mit:
Eltern
twen
JASMIN
Gong-Verlag (50% Gruner + Jahr)
GONG
RUNDFUNK
Beteiligung: Radio Maritim GmbH, Co & KG (deutsche Rundfunksendungen in Spanien)
DRUCKEREIBETRIEBE
ITZEHOE · UNTERFÖHRING (beides Tiefdruck)
Außerdem Vertriebsgesellschaften: Buch- und Pressedienst mbH; Buch-Hansa GmbH; Deutsche Buch- und Presse-Vertriebsgesellschaft mbH; Berliner Presse-Vertrieb GmbH
Dr. Gerd Bucerius ist über den Zeitverlag Alleingesellschafter der Tempus Zeitungs- und Zeitschriftenverlagsgesellschaft mbH mit:
DIE ZEIT
DER VOLKSWIRT
und beteiligt am Christian Wegner Verlag GmbH (75%) und an der Gesellschaft für Internationale Publizistik mbH (76%) mit:
Monat
DER SPIEGEL

(A). Die zunehmende Konzentration bei einmal bestehenden Monopolen erklärt sich aus drei ökonomischen Komponenten:

a. Ab einer bestimmten Betriebsgröße besteht die Möglichkeit zum Bau betriebseigener Druckereien, die durch hohe Kapazitätsauslastung dem Betrieb einen *Kostenvorsprung* vor kleineren *Konkurrenten* garantieren.

b. Eine hohe Auflage bedeutet zunehmende Attraktivität für potentielle Anzeigenkunden. Denn der relative Anzeigenpreis pro tausend Stück verkaufter Auflage sinkt bei Blättern mit hoher Auflage stark ab. So beträgt der Tausenderpreis bei der BILD-ZEITUNG etwa nur 33,52 DM, während er bei einer kleineren Zeitung mit einer Auflage von 20 000 bis 30 000 Exemplaren bei rund 99,23 DM liegt. Gegenüber ihren Konkurrenten haben konzentrierte Großbetriebe also auch einen gewichtigen *Erlösvorsprung*.

c. Hinzu kommt des weiteren die Tatsache, daß durch zahlreiche Verflechtungen ein ganzer Verbund verschiedenster Publikationsorgane und einer einzigen Kontroll- und Entscheidungsinstanz entsteht. So können die verschiedensten Zeitungen, Zeitschriften etc. ein beachtliches Maß an Eigenwerbung füreinander treiben. Dieser Werbung ist große Verbreitung und Wirkung bei minimalen Kosten eigen. Der Großbetrieb hat also auch *noch einen zusätzlichen Werbungsvorsprung*.

(B). Durch eine ganze Reihe von Einflußmöglichkeiten läßt sich die Konkurrenz von einem Großbetrieb empfindlich schädigen oder gar ganz ausschalten:

a. Eine wichtige Schaltstation für das Medium Zeitung ist der Vertrieb. Die Zeitung ist der Träger von Informationen. Der Zeitungsvertrieb leistet den Transport vom Sender zum Empfänger. Dabei ist der Großhändler die erste Zwischenstation auf dem Weg zum Kiosk. Der Großhandel verfügt auf Grund langjähriger Absprachen über regionale Monopolstellungen. D. h. der Gesamtzeitungsvertrieb einer bestimmten Region geht in der Regel über den Grossisten mit dem jeweiligen regionalen Monopol. Wenn nun dieser Grossist in Geschäftsbeziehungen zu einem Großverlag steht, wird ihr Umsatz und Profit direkt von solchen Betrieben abhängig, zumal das gesamte umgeschlagene Volumen manchmal bis zu 50% aus Erzeugnissen eines einzigen Großbetriebes besteht. Die Abhängigkeit, in die der Großhandel dadurch gerät, ist enorm. Daß sie benutzt wird, um Konkurrenten direkt zu schaden, hat sich am Beispiel Springer mehrmals gezeigt.

b. Die Rohstoffbasis ist ein anderes Gebiet, von dem her eine Einflußnahme auf die ganze Branche möglich werden kann. Bei starker Kapitalkraft wird die Ausbreitung des Unternehmens auf andere oder verwandte Märkte geradezu notwendig. Eine Beteiligung an Papierfabriken, wie sie etwa für den Springer-Verlag nachzuweisen ist, die nicht zuletzt einen Großteil der Konkurrenz beliefern, läßt sich unschwer zu direkter Einflußnahme gebrauchen.

c. Die Größe des zu vergebenden Druckauftrages stellt einen weiteren Faktor dar, der zur direkten Abhängigkeit einer ganzen Reihe von Druckereien führen kann. Da diese Druckereien dann den Löwenanteil ihres Umsatzes mit Aufträgen eines einzigen Großbetriebes erzielen, nebenher aber auch noch Aufträge kleinerer Kunden ausführen, werden auch hier die Möglichkeiten der Einflußnahme klar ersichtlich.

d. Ein wichtiger Punkt sei abschließend erwähnt. Die Zeitung bestreitet ihren Gewinn zu großen Teilen nicht aus dem Straßenverkaufserlös sondern aus Einnahmen für die Industrie- und Handelswerbung. Zwischen der Wirtschaft und den publizistischen Organen in ihrer Eigenschaft als Werbeträger besteht also ein enges Interessenverhältnis. Da nun die Werbewirkung in Zeitungen mit hoher Auflage sowohl absolut größer als auch relativ billiger als bei kleineren Konkurrenten ist, wird der Großverlag zu einem Hauptkunden der Werbetreibenden. Von daher kann er natürlich auch bestimmte Wünsche äußern; so etwa, und daß bedeutet dann direkten Schaden für die Konkurrenz, die Ausschließlichkeit der Vergabe von Werbemitteln nur an ihn.

2.542 *Die Empfänger der gesellschaftlichen Kommunikation*

Der vorhergegangene Hauptpunkt befaßte sich von der Themenstellung her mit den Mitteln der gesellschaftlichen Kommunikation. Darüber hinaus haben wir aber auch Einsicht genommen in andere Abschnitte der Lasswell-Formel. So steht z. B. zu vermuten, und die Daten über die ökonomische Situation auf dem Meinungsmarkt können das nur bestätigen, daß auch heute noch der Satz gilt, es sei die Meinungsfreiheit in der BRD nichts weiter, als die Freiheit von zweihundert reichen Leuten, ihre Meinung zu sagen.

Wie sie dabei vorgehen und in solchem Vorgehen noch die Tatsache ihrer Einflußnahme verschleiern, hat Peter Schneider in einer Rede aufgezeigt, die am 1. Februar 1968 auf einem Springer-Hearing in Berlin gehalten wurde:

»Wenn wir also über das Manipulationsinstrument Springerpresse reden, dann reden wir über die Massenpresse. Und wenn wir von Betrug reden, dann reden wir von den um ihre Interessen Betrogenen.

Die Betrogenen sind die Bildleser. Aus der Leseranalyse der Bildzeitung (Qualitative Analyse der Bildzeitung 1965) geht hervor, daß der durchschnittliche männliche Bildleser ein junger Arbeiter ist, der Volksschule und Lehre absolviert hat und in der Industrie zwischen 400 und 600 Mark netto verdient. Er gehört der sogenannten ›oberen Unterschicht mit aufstrebender Tendenz‹ an. Er bewohnt die kleinen Städte zwischen 2000 und 20 000 Einwohnern, vorzugsweise in Niedersachsen und Nordrhein-Westfalen, dort wiederum eher die protestantischen als die katholischen Gegenden. Zur Fortbewegung benutzt er die öffentlichen Verkehrsmittel oder ein Moped. Zur Hauptsache liest er nur Bild, das allerdings

von vorne bis hinten, entweder am Arbeitsplatz oder zu Hause, manchmal auch im Pendelverkehr.
In der Dreizimmerwohnung der Bildfamilie, meist in einem großen Wohnblock, gibt es eine Nähmaschine, einen Staubsauger, einen Kühlschrank. Außerdem versucht die Bildfamilie zu sparen. Das Hauptvergnügen ist das Fernsehen, das Telefon benutzt der Bildleser selten, er besitzt keines.
Diesem Bildleser bietet sich die Bildzeitung fast täglich als Volkstribun an. Noch in den letzten Wochen schrieb sie unter dem Titel: ›Zwölf Millionen Deutsche widerwärtig?‹ ›Seit Jahr und Tag behaupten wir, Bild ist für die Interessen der Leser da. Und selbst unsere Gegner geben zu, daß Bild mal gegen Telefongebührenerhöhung, mal gegen Mehrwertsteuermißbrauch recht wacker für die Interessen des kleinen Mannes kämpft.‹ (23. 1. 68) Nehmen wir diesen wackeren Vorkämpfer beim Wort. Man erinnert sich, daß die Bildzeitung es im August 1964 fertigbrachte, das Parlament und die Regierung aus den Ferien zurückzuholen, nachdem sie einen Sturm gegen die Erhöhung der Telefongebühren entfesselt hatte. ›Es hagelte Proteste.‹ (14. 7. 64) ›Schluß mit der Postdiktatur! Holt den Bundestag aus dem Urlaub.‹ (24. 7. 64)
Die Bildzeitung brachte das fertig, nachdem sie aus der letzten Leseranalyse eindeutig erfahren hatte, daß die überwältigende Mehrheit der Bildleser überhaupt kein Telefon besitzt und auch so bald nicht in der Lage sein würde, sich eines anzuschaffen.
Nicht der Bildleser war durch die Gebührenerhöhung betroffen, sondern in allererster Linie der Springerkonzern, nämlich an dem kostenempfindlichen Punkt seiner elektronischen Nachrichtenverbindungen. An dieser Stelle sehen wir die ganze Maschinerie der Scheinöffentlichkeit vor uns: eine Massenpresse, die die berechtigten Ressentiments der Massen gegen die künstlich hochgehaltenen Preise in den Dienst der Privilegierten stellt, die Volksvertreter, die das Volk nicht vertreten und die entrechtete Klasse, die durch die systematische Parzellierungsarbeit der Herrschenden derart in ohnmächtige Gruppen und Individuen zerschlagen ist, daß sie sich wehrlos in den Kampf für ihre Gegner schicken läßt.«[15]
Diesem Beispiel ließen sich beliebig viele hinzufügen; allein, es wird an ihm schon deutlich, wie die Kommunikationspolitik in unserer Gesellschaft beschaffen ist.
Dieser These sollte zunächst mit kritischer Distanz begegnet werden. Wenn wir uns nämlich an die Materialien aus Tabelle 2.534 (Informationen der Massenmedien) erinnern, so werden wir zwar zunächst allgemein unsere Aussagen über die Bildzeitung an Hand empirisch gewonnener Daten bestätigen können. Die Bildzeitung trägt bei zur wachsenden Entmündigung des Bürgers; sie bietet ein Minimum an sozial-politischen Informationen, ein weitaus größeres Volumen steht für »human interest« zur Verfügung. Dagegen lassen aber doch die Angaben

für die beiden deutschen Fernsehprogramme, für Zeitungen wie die Frankfurter Allgemeine, die Süddeutsche oder selbst die Welt zunächst die Vermutung aufkommen, daß die Bildzeitung und ähnliche Publikationsorgane lediglich einen kleinen und durchaus legitimen Bestandteil in der Vielzahl der publizistischen Medien einer pluralistischen Gesellschaft darstellen. Wer also das Bedürfnis habe, sein politisches Wissen zu mehren, könne ja einfach sich eines entsprechenden Mediums mit großem politischen Informationsanteil zuwenden.

So einfach, wie er hier erscheinen mag, liegt jedoch der Fall in Wirklichkeit nicht. Und wir können uns durchaus an Hand bereits bekannter Tatsachen ein realistisches Bild der wahren Verhältnisse auf dem Gebiet der gesellschaftlichen Kommunikation machen. Denn zu ihrem Prozeß gehört ja nicht nur der Umstand, daß eine Gesellschaft genügend Medien bereitstellt, um die Vielfalt der in ihr herrschenden Meinungen angemessen zu Wort kommen zu lassen. Es muß auch die Möglichkeit gegeben sein, daß das Gros der Bevölkerung in der Lage ist, die in den Medien vertretenen Meinungen und mitgeteilten Informationen aufzunehmen, zu entschlüsseln und zu interpretieren.

Daß diese Möglichkeit bei weitem nicht gegeben ist, können wir nach der Behandlung der gesellschaftlichen Sprachbarrieren (2.215; vgl. auch Anhang, 3.52) bereits nachweisen. Daß es in dieser Hinsicht auch künftig nicht wesentlich anders aussehen wird, erhärtet, wenn wir die Entwicklung der öffentlichen Ausgaben in den letzten Jahrzehnten betrachten und feststellen müssen, daß prozentual die Bildungsausgaben immer mehr zurückfallen, während etwa die Aufwendung für die Rüstung unverhältnismäßig stark vertreten sind. Dem größten, abhängigen, unterprivilegierten Teil der Bevölkerung soll also nach wie vor die Chance vorenthalten werden, überhaupt erst einmal jene Sprach- und Verständigungsstrukturen sich anzueignen, mit denen die gesellschaftlich wichtigen Informationen übertragen werden. Er ist augenblicklich nicht in der Lage, diese Informationen voll zu entschlüsseln, weil die wichtigsten Voraussetzungen fehlen. Durch die Bildungspolitik, die, wie wir sehen, so entscheidende Relevanz für die gesellschaftlichen Kommunikationsverhältnisse gewinnt, wäre in einer demokratischen Gesellschaft solchen Verhältnissen konsequent entgegenzuwirken. Das Gegenteil wird in der Bundesrepublik getan.

Solche innergesellschaftlichen Zustände finden weiter ihre Pendants, wenn wir einmal die weltweite Kommunikationssituation betrachten. Wie im Innern der reichen Gesellschaften deren arme und unterdrückten Mitglieder von den Herrschenden manipuliert werden, so werden weltweit die armen Gesellschaften von den reichen benachteiligt. Ihr Informationsvolumen ist, wie Tabelle 2.5361 deutlich macht, geradezu kläglich. Sie befinden sich in einem Nachrichtenrückstand und in einer Informationsmisere, die kaum aus eigener Kraft zu beseitigen sein dürften.

So zeigt die Zusammenschau aller vorgetragenen Argumente deutlich, daß die

»informierte Gesellschaft«, von der der deutsche Physiker Karl Steinbuch so gerne schwärmt, eine Illusion ist. Ein solches Ergebnis kann allerdings nur verständlich werden, wenn man alle Momente der gesellschaftlichen Kommunikation in die Analyse mit einbezieht und sich nicht ausschließlich nur mit den technischen Verbreitungsmitteln, nur mit der Sprache, nur mit den Empfängern etc. beschäftigt.

3. Anhang
Die gesellschaftliche Kommunikation
Grundlagen und Probleme

3.1 EINLEITUNG

In der Physiologie lernt der Mensch nicht zu verdauen und in der Psychologie nicht zu empfinden. Sitze also keiner der Vorstellung auf, es mache die Kommunikationstheorie ihn zum verständigen Wesen. Wie ja überhaupt »Kommunikation« zunächst nicht allein menschliche meint. In seiner umgangssprachlichen Bedeutung verstehen wir den Begriff zwar, als sei damit immer eine Beziehung zwischen Menschen angesprochen; der Begriffsumfang ist jedoch wesentlich größer. Er soll hier auch nicht irgendwelcher Simplifizierungstendenzen halber eingeschränkt werden.

3.11 Bereich der Kommunikation

Eine Ente kann durch entsprechendes Schnattern ihre Küken zu bestimmten Verhaltensweisen bringen. Durch Röhren und gewissen Bewegungen fordert ein Hirsch seine Konkurrenten heraus. Der Ruf des Eichelhähers ist selbst für Tiere ganz anderer Gattung das Zeichen für eine sich nähernde Gefahr.
»Eine der faszinierendsten tierischen Zeichensysteme, die man bisher erforscht hat, ist das der Bienen. Die Pionierarbeiten Karl von Frischs veranschaulichen die, verglichen mit der menschlichen Sprache, fixierte Form derartiger Systeme. Wir können uns endlos über alle möglichen Themen unterhalten, die Bienen jedoch vermögen nur einen Gegenstand zu erörtern – Futter, und wo es zu finden ist. Die Bienen stellen Zeichen durch merkwürdige Bewegungsformen dar, durch eine Art ›Tanz‹ auf den vertikalen Waben ihres Stockes. Es gibt zwei unterschiedliche Formen des Tanzes. Die erste dient als Hinweis, daß in unmittelbarer Nähe des Stockes eine Nahrungsquelle ist. Die Biene, an der Nektar und Blütenstaub der von ihr gefundenen Blumen haften, läuft in kleinen Kreisen umher – erst in einer Richtung, dann in einer anderen – und weckt so die Aufmerksamkeit der übrigen Bienen, die nun den Nektar und Blütenstaub riechen und davon kosten. Durch den zweiten Tanz wird eine Futterquelle angezeigt, die sich in weiterer Entfernung befindet. Dieser Tanz ist noch erstaunlicher; hier beschreibt die Biene eine Acht und bewegt ihren Hinterleib mit einer Geschwindigkeit, die

von der Entfernung des Futters abhängt. Dabei gibt die auf die Vertikale bezogene Achse der Figur die Richtung der Futterquelle in bezug auf die Sonne an.«[1] »Signale zwischen Lebewesen gleicher und auch verschiedener Arten sind so verbreitet wie das Leben. Die Eizelle sendet chemische Signale und lockt Samenzellen an; höher entwickelte Organismen locken den Geschlechtspartner an, sie müssen Feinde entdecken und ihnen möglichst aus dem Wege gehen, umgekehrt aber ihre Beute finden und fangen. Ebenso müssen die Lebewesen viele Signale aus der unbelebten Umwelt empfangen und auswerten, Signale, die angeben, wo oben und unten ist, wo die richtige Feuchtigkeit, wo die günstigste Temperatur herrscht; Zugvögel entnehmen den Gestirnen die Himmelsrichtung, der Mistkäfer findet auf einer spezifischen Geruchsspur zum Aas usw. Das letzte Beispiel zeigt schon, daß die Signale, die aus der unbelebten Umwelt kommen, nicht prinzipiell von denen verschieden zu sein brauchen, die der Verständigung zwischen Lebewesen dienen. Aasblumen etwa duften wie Aas und locken damit Aasinsekten an. Dennoch gibt es kompliziertere Signale bis hin zur umstrittenen Sprache der Tiere als möglicher Vorstufe der menschlichen Sprache.«[2]
Diese wenigen Beispiele belegen bereits, wie umfassend der Begriff »Kommunikation« zu verstehen ist. In fast allen vorliegenden Untersuchungen neigen die Autoren vorschnell dazu, den Begriffsumfang zu verengen und begeben sich damit entscheidender analytischer Möglichkeiten. Generell trifft man zwei Arten solcher Handbarmachung.

(A) Einmal wird der Bereich der Kommunikation reduziert auf den menschlichen.[3]
Ein solcher Ansatz leugnet einfach die Großzahl bestehender und z. T. exakt nachgewiesener Ähnlichkeiten und Übereinstimmungen in den formal erfaßbaren Aspekten menschlicher *und* tierischer Kommunikation.

(B) Zum andern wird der spezifische Bereich der menschlichen Kommunikation direkt abgeleitet aus Formen tierischen Verhaltens.[4]
Hierbei wird auf Grundlage von Disziplinen wie Anthropologie, Linguistik, Lernpsychologie, Physiologie, Biochemie, Bioakustik etc. eine Art Zoo-Semiologie entwickelt, die auf Grund ihres evolutionistischen Ansatzes eines der entscheidensten Kriterien der menschlichen Kommunikation, nämlich die Reflexivität der Sprache, nicht hinreichend zu erklären vermag.

Beide Weisen erscheinen nicht als ausreichend begründet. *Wir definieren hier darum den Begriff »Kommunikation« in seinem weitesten Sinne als einen Übermittlungsprozeß von Signalen.*

3.12 Einteilung der Kommunikation

Kommunikation kann abgeschlossen sein oder unvollendet. Als unvollendete Kommunikation läßt sich ganz allgemein der Versuch bezeichnen, einen Vermittlungsprozeß ohne einheitliches Signalsystem zu erreichen. Wir müssen nicht eigens beweisen, daß in solchem Begriff keinerlei analytische Möglichkeiten liegen. Es ist evident, daß nur der abgeschlossenen Kommunikation ein weiterführender Sinn zukommt. Das bedeutet, es muß für die von einem beliebigen Sender verbreiteten Signale auch einen Empfänger geben. Wenn Sender und Empfänger über das nämliche Signalsystem verfügen, kann eine Signalübertragung stattfinden. Folgende wichtige Elemente sind also für das Zustandekommen von Kommunikation konstitutiv:

(A) eine Koppelung von Sender (Kommunikator) und Empfänger (Rezipient oder Kommunikant). Sie stellt die einfachste kommunikative Beziehung dar; doch hat sie selbst wieder eine wichtige Voraussetzung. Denn sie wird erst möglich durch

(B) ein Medium. An ihm müssen sowohl Sender als auch Empfänger teilhaben. Es heißt »Signalvorrat« eines Kommunikationssystems.
Hinzu kommt ein weiteres mögliches Moment. Sender und Empfänger nehmen ihre Beziehungen zu einem bestimmten Zeitpunkt auf. Sie standen aber zuvor schon in diversen anderen Beziehungen. Es ist möglich – nicht notwendig –, daß sie Erfahrung gesammelt haben. Sollte dies der Fall sein, dann besteht – entsprechend einer dafür notwendigen Speicherkapazität –

(C) ein spezifisches Vorverständnis und, dadurch bedingt, eine bestimmte Erwartungshaltung bezüglich eines jeden neuen Kommunikationsvorganges.

Es gibt nun verschiedene Ebenen der Einteilung des Kommunikationsbereiches. Hinsichtlich dieser Möglichkeiten herrscht keine einheitliche Begriffsbildung. Wir verzichten darum darauf, die Problematik hier eingehender zu diskutieren. Wir wählen hinsichtlich unserer Fragestellung eine Teilung in humane und nichthumane Kommunikation. Beide Arten teilen natürlich eine ganze Reihe von Bestimmungen. Das qualitative Unterscheidungskriterium ist der spezifisch menschliche »Signalvorrat«, die »Sprache«. Es gibt eine relativ große Zahl von Kriterien, mit denen sich »Sprache« als besonderer »Signalvorrat« von anderen unterscheiden läßt; deren wichtigstes ist jedoch sicherlich die Reflexivität (s. o.) des menschlichen »Signalvorrates«. D. h., die »Sprache« kann sich selbst zum Gegenstand nehmen. Es gibt sprachliche Metasysteme.
Ein weiteres Spezifikum der Sprache sind deren Signale, die »Zeichen«. »Zeichen« sind Signale, die nicht nur in einer Beziehung zwischen Kommunikator und Kommunikant stehen, sondern auch noch in einer Beziehung zu den bezeichneten Objekten, Sachverhalten etc. »Zeichen« sind immer sprachlich. Andere Zeichen gibt es nicht.
Das Gebiet der Humankommunikation läßt sich zunächst nach klassischer Manier[5] in drei Sphären einteilen: die syntaktische, die semantische und die pragmatische. Wir definieren deren Verknüpfungen gemäß folgendem Schema:

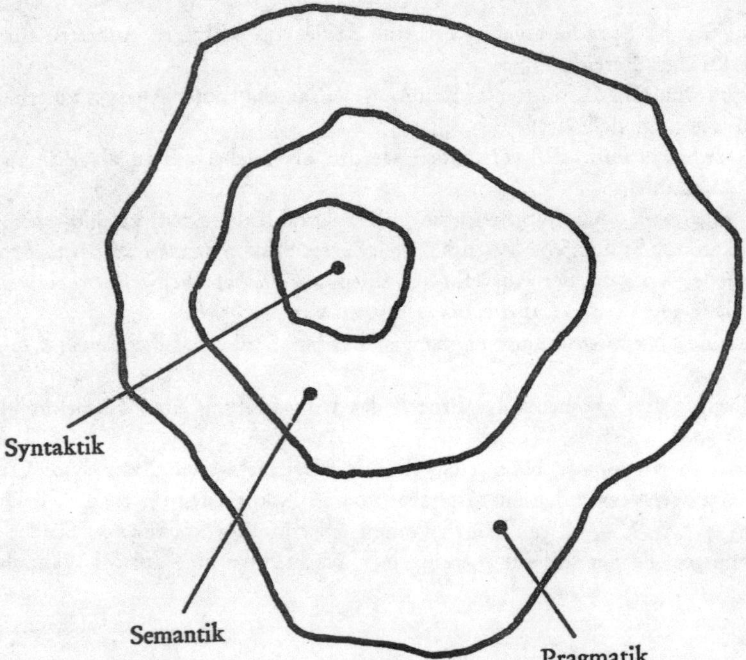

Von »Humankommunikation« soll nur die Rede sein, wenn wir vom Gesamtsystem handeln, also zusätzlich zu den syntaktischen Regeln (d. s.: Beziehungen zwischen Zeichen) und den sematischen Regeln (d. s.: Beziehungen zwischen Zeichen und Dingen, Tatbeständen etc.) auch noch die pragmatischen Regeln (d. s.: Beziehungen zwischen den Zeichen und deren Benutzern) berücksichtigen. Über das Gesamtsystem liegen bislang die am wenigsten verbindlichen Untersuchungen und Theoreme vor. Mehr Materialien sind zu finden, wenn wir den pragmatischen Bereich vorläufig ausschalten wollten, um uns mit dem Problem der Semantik zu befassen. Noch detailliertere Forschungsergebnisse liegen schließlich vor für den Bereich, der auch die Bedeutung der Zeichen ausschließt

3.2. DIE STATISTISCHE INFORMATIONSTHEORIE

3.21 Exposition

Die statistische Informationstheorie hat es mit Signalen und deren Übertragung zu tun.
Diese Signale können Zeichen sein; doch ist dies nicht Voraussetzung für die Gültigkeit der Theoreme. Sie gelten vielmehr ganz allgemein für Signalsysteme.

Bezüglich der Sprache ergeben sich eine Reihe von wichtigen Aussagen für den syntaktischen Bereich.

Um Information als sinnvolles Kriterium wissenschaftlicher Analyse zu erhalten, wird wie folgt definiert:

(A) *»Information«* soll verstanden werden als selektiv, d. h. als Prinzip der Auswahl.

(B) *»Auswahl«* hat nur Bedeutung als Auswahl aus einem geschlossenen, bekannten System von Möglichkeiten. Dieses System nennen wir *Alphabet.*

(C) Jeder Vorgang der Auswahl aus einem *»Alphabet«* heißt *Entscheidung.*

(D) Jede getroffene *»Entscheidung«* nennen wir *Nachricht.*

(E) Eine *»Nachricht«* kann übertragen werden. Sie bedarf dazu einer *Chiffrierung.*

(F) *»Chiffrierung«* heißt der Prozeß der Umwandlung einer Nachricht in ein *Signal.*

Betrachten wir nun an Hand eines einfachen Beispieles, wie dieses System funktioniert: Wir verwenden ein Alphabet von 16 Nachrichten (§, &, k, !, ß, +, x, =, (, q, ‘, ö, ?, –, v, 0/0). Hinzu kommt ein einfaches System von Sender und Empfänger. Ferner soll für die einzelnen Nachrichten eine apriori-Wahrschein-

§	1	1	1	1
&	1	1	1	0
k	1	1	0	1
!	1	1	0	0
ß	1	0	1	1
+	1	0	1	0
x	1	0	0	1
=	1	0	0	0
(	0	1	1	1
q	0	1	1	0
‘	0	1	0	1
ö	0	1	0	0
?	0	0	1	1
–	0	0	1	0
v	0	0	0	1
0/0	0	0	0	0

lichkeit von $^1/_{16}$ gelten. Die Auswahl der einzelnen Nachrichten wird also mit einer für alle Nachrichten gleichen Ungewißheit vor sich gehen.
Der gesamte Bereich des Alphabets habe den Grad der Ungenauigkeit U = 1.
Die Signale sind Auswahlbefehle an den Empfänger. Eine eindeutige Auswahl einer Nachricht erfolgt mit Hilfe der systematischen Herabsetzung des Ungenauigkeitsgrades durch Ja-Nein-Entscheidungen. Der erste Auswahlbefehl halbiert den Grad der Ungenauigkeit: U' = $^1/_2$; durch den zweiten wird er geviertelt, dann beim dritten zu einem achtel der ursprünglichen Ungenauigkeit und nach dem vierten schließlich zu U'''' = $^1/_{16}$.
Mit vier Auswahlbefehlen kann somit jedes beliebige Zeichen unseres Alphabets eindeutig fixiert werden.
Jede der 16 Nachrichten wird durch eine andere Folge von Ja-Nein-Entscheidungen bestimmt. Diese Entscheidungen sind hier ausgedrückt in Ziffern: »ja« entspricht »1«, »nein« entspricht »0«.
So meint also etwa 0111 ›(‹; oder 1010 ›+‹; oder 0001 ›v‹; oder 1110 ›&‹; etc.
Die Entscheidungen sind notiert im Binärsystem. Die Ziffern heißen Binärziffern. Sie kennzeichnen einfache Informationseinheiten. Eine einfache Informationseinheit heißt bit[6].
Die Nachrichten in unserem Beispiel benötigen zu ihrer Auswahl je vier Entscheidungen. Um also *eine* beliebige aus *sechzehn* bestimmten Nachrichten zu fixieren, benötigt man eine Information von 4 bit; (denn es gilt $2^4 = 16$ bzw. $^2\log 16 = 4$).
Die Fähigkeit der Auswahl von Nachrichten pro Sekunde heißt (bei Sender und Empfänger) Informationsfluß. Ein Informationssystem, das mit unserem 16stelligen Alphabet operierte und dabei die Fähigkeit hätte, 100 Nachrichten pro Sekunde eindeutig zu fixieren, verfügt über einen Informationsfluß von 400 bit/s.

3.22 Einschränkung

Allzuoft wurden Erkenntnisse aus der Nachrichtentheorie verallgemeinernd angewandt auf natürliche Sprachen. So auch von Cherry, bei dem es heißt:
Jede Nachricht, die in einer Sprache ausgedrückt ist, kann als Folge von *ja* und *nein* oder von 1 und 0 im Binärcode geschrieben werden; man sagt, sie sei *logisch* mitteilbar. Wenn die Nachricht beispielsweise aus Wörtern bestünde, könnten wir jedes Wort identifizieren, indem wir eine Reihe von Fragen stellen wie: »Befindet sich das Wort in der ersten oder zweiten Hälfte des Wörterbuches« ... etc.? ... Bei einem Wörterbuch mit einer viertel Million Wörtern muß man allenfalls 18 solcher Fragen mit den Antworten 1 oder 0 stellen, weil 2^{18} größer als 250 000 ist.«[7]

Wir wollen an Hand dieses Beispieles und der in 3.21 gegebenen Definitionen hier die Möglichkeiten der Anwendung der statistischen Informationstheorie einschränken:

A) Die Anwendung des Terminus »Information« auf dem Gebiet der Übertragungstechnik ist irreführend. Allein schon die umgangssprachliche Prägung läßt an den semantischen Bereich denken. Dabei werden mögliche inhaltliche Momente hier gar nicht berücksichtigt. Als Kriterium der Auswahl bezeichnet »selektive Information« die Möglichkeit, den Grad der Ungenauigkeit, d. h. des Zweifels am Eintreten eines bestimmten von mehreren Ereignissen, in einem bestimmten System gemäß bestimmter Wahrscheinlichkeit zu reduzieren.

B) Das führt direkt zu einer unter 3.21 B) schon einmal erwähnten Feststellung. Das System, für welches »selektive Information« gemessen werden soll, muß geschlossen sein. Für Cherrys Beispiel bedeutet dies eine Entscheidung nicht darüber, welches von möglicherweisen vielen verschiedenen Wörterbüchern einer Sprache zum System gewählt werden soll. Zudem muß gleichzeitig das Vokabular eines so festgelegten Systems für konstant erklärt werden; d. h. historische Sprachveränderungen werden nicht berücksichtigt.

C) Damit wäre ein dritter Punkt bereits gefunden. Das System, für welches »selektive Information« als sinnvoller Wert gemessen werden soll, muß unabhängig sein von der Zeit im Sinne von »Geschichte«, d. h. Veränderung; – eine Forderung also, die an natürliche Sprache allemal nicht zu richten ist.

3.23 Aussichten

Ein bestimmter und wichtiger Bereich der Kommunikation kann trotz dieser Einschränkungen mit der statistischen Informationstheorie analysiert werden. Da die Aufnahme von Umweltsinformationen mit einem bestimmten Übertragungssystem erfolgt und sich unsere Nervenbahnen in partieller Analogie zu technischen Systemen als neurokybernetische Regelkreise auffassen lassen, kann die Informationspsychologie hier wertvolle Arbeit leisten.

So gelang es bereits, über die Kapazitäten der Sinnesorgane hinreichend Aufschluß zu erhalten. Es existieren demnach knapp 10^9 Rezeptoren. Zusammengenommen sind sie in der Lage, maximal etwa 10^{11} bit/s aufzunehmen.

»Die Informationsausbeute wird den Projektionszentren zugeleitet. Die Apperzeption besteht in der Auswahl der bewußt zu machenden Information aus dem Angebot der Projektionszentren. Aus den sensorischen Projektionszentren wird syntaktische Information apperzipiert. Die eventuell daran geknüpfte semantische Information wird entschlüsselt, d. h. aus dem vorbewußten Gedächtnis assoziert...

Dem vorbewußten Gedächtnis werden im Laufe des Lebens wenigstens hundert- bis tausendmal soviel Informationen vorübergehend eingegliedert, als es auf die Dauer fassen könnte; wenigstens dreißigtausendmal soviel Informationen, als auf die Dauer behalten werden könnten, werden bewußt wahrgenommen, wenigstens dreißig Milliarden Mal soviel Informationen können im Laufe des Lebens bis zu den Projektionszentren gelangen und sich der wandernden Aufmerksamkeit ... anbieten, und wenigstens dreihundert Billionen Mal soviel Informationen, wie das vorbewußte Gedächtnis auf die Dauer fassen könnte, vermögen die Rezeptoren aller Sinnesorgane zusammen im Laufe des Lebens zu übertragen.
Von der Informationspsychologie konnte experimentell nachgewiesen werden, daß sich die Aufnahmekapazität des menschlichen Bewußtseins in der Größenordnung um 16 bt/sec bewegt. Jedes Wort der deutschen Sprache hat etwa 15 bt Information, wie sich an Hand der 30 000 gebräuchlichsten Wörter des Deutschen ergibt. Da sich aber ein großer Informationsschwund für die Information des Wortes bei Berücksichtigung der grammatischen Beschränkungen im Satzinnern und durch andere Faktoren ergibt, kommt es dazu, daß ein Wort äußerstenfalls noch durchschnittlich 5 bt Information enthält.«[8]

Von besonderer Bedeutung sind zwei wesentliche Untersuchungsergebnisse. Daß erstens die *Speicherkapazität* des menschlichen Gehirns unproportional *kleiner* ist als seine *Apperzeptionsfähigkeit* – 0,7 bit gegenüber 16 bit, also ein Verhältnis von ungefähr 1:23. Und zweitens, daß die natürlichen Sprachen über einen außerordentlich *hohen Grad von Redundanz* verfügen –; so berechnet Albrecht für die englische Sprache etwa 88 %. Für die übrigen europäischen Sprachen liegt die Redundanz bei ähnlich hohen Werten.

3.3 DIE THEORIE DER SEMANTISCHEN INFORMATION

In einer Arbeit, die am 26. September 1952 vor dem Symposium on Applications of Communication Theory in London verlesen wurde, haben Yehoshua Bar-Hillel und Rudolf Carnap die Grundlagen der semantischen Informationstheorie definiert. Der Vortrag erschien in leichter Überarbeitung als Aufsatz 1953 in Nummer 4 des British Journal for the Philosophy of Science, p. 147–157, unter dem Titel »Semantic Information«.

Die Verfahrensweise von Bar-Hillel und Carnap ist zweifellos sehr interessant. Wir verzichten trotzdem darauf, sie hier zu diskutieren. Denn für die Theorie der semantischen Information ergeben sich letztlich eben die nämlichen Schwierigkeiten, die für die statistische Informationstheorie bereits diskutiert (vgl. 3.22–A, B, C) wurden.

3.4 DER PRAGMATISCHE SEKTOR

3.41 Exposition

Für den pragmatischen Sektor, jenes Gebiet also, welches den Kommunikationspartnern selbst eine zentrale Rolle zuschreibt, liegt eine Vielfalt von Untersuchungen vor. Es wäre einzugehen auf die sprachkritischen Reflexionen des Wiener Kreises; zum Ausgang Russells logische Analyse, dann Wittgensteins Anstöße zur Logik geschlossener Systeme und zur ordinary-language-school. Das Schlicksche Verifikationsprinzip und die logische Syntax eines Carnap wären ebenso zu behandeln wie die Morrissche Semiotik, der Operationalismus Bridgmans, Whorfs Sprachrelativismus, die Sprachskepsis der englischen Schule oder die quantitative Analyse. Hier soll nur ein Fall behandelt werden, der allerdings als exemplarisch angesehen werden darf. Denn die »general semantics« (g. s.) sind eine sprachkritische Disziplin, die aus allen oben erwähnten Ansätzen Verfahrensweisen und Theoreme sich assimiliert hat.

3.42 Die general semantics

Als Ausgangs- und Hauptwerk der general semantics können wir »Science and Sanity« von Alfred Korzybski ansehen. Er faßt dort seine Bemühungen wie folgt zusammen:
»Das Ergebnis dieser Untersuchung war ein nicht-aristotelisches System – soweit ich weiß, das erste, das formuliert worden ist, das erste auch, in dem die besondere wissenschaftliche Tendenz unserer Epoche zum Ausdruck kommt, die die nicht-euklidischen und nicht-newtonischen . . . Systeme hervorgebracht hat. Es scheint, als seien diese drei: die nicht-aristotelischen, nicht-euklidischen und nicht-newtonischen Systeme ebenso miteinander verflochten und interdependent wie es die entsprechenden älteren Systeme gewesen sind.«[9] Dabei wird jetzt allerdings das nicht-aristotelische System nicht so sehr als eine neue Disziplin der exakten Wissenschaften verstanden; vielmehr geht es darum – durch ›schematisches Training‹ – »für Kultur und Zivilisation das zu retten, was noch zu retten ist, und aus den Trümmern eines zu Ende gehenden Zeitalters eine neue und vernünftige Gesellschaft aufzubauen«.[10]

3.421 *Zur Methode*

Die general semantics fassen unsere Erkenntnis der Welt auf als sprachliche Erkenntnis. Sie hat Symbolcharakter. Das Weltbild wird vom Symbolsystem bedingt. Die Erfahrung der Wirklichkeit wird zum semantischen Prozeß; »woraus hervorgeht, daß die Welt der *Erfahrung* eine solche der *Vorstellung* ist«.[11] Eine

»falsche« Einsicht in die Wirklichkeit läßt sich also ganz einfach durch ein entsprechendes Auswechseln der Symbolisationselemente beheben: ». . . der moderne Theoretiker sucht nach einer Methode, seine Welt in Ordnung zu bringen.«[12]
Diese Ordnung seiner Welt hängt für den Menschen primär ab von deren linguistischer Kodifizierung. Es ist demnach »sehr viel wichtiger und schwieriger, für die Funktionsfähigkeit der neuro-semantischen und neuro-linguistischen Mechanismen zu sorgen, als den Erfolg anderer Bereiche menschlicher Bemühungen zu gewährleisten«.[13] Dementsprechend erscheint unser fatum als selbstverschuldet; unsere Aufklärung als semantische Aktion; unsere Not als falsche Symbolisation; unser Wohlergehen als richtige Anwendung semantischer Normen.
Erkenntnistheoretische Basis für alle diese Überlegungen ist Korzybskis »Map and Territory«-Beispiel. Erst kürzlich wiederholte Hayakawa: »Das Bild von der Wirklichkeit, das in unseren Köpfen dadurch entsteht, daß wir uns des Abstrahierens nicht bewußt sind, ist nicht eine Landkarte irgendeines vorhandenen ›Geländes‹. Es ist eine Scheinwelt.«[14] Unseren sprachlichen Begriffen ist also zumindest insoweit nicht zu trauen, als sie nämlich *kein objektives Bild der Realität* liefern. Was allenfalls erwartet werden kann, ist ein Strukturentwurf dieser Realität: »The only link between the objektive world and the verdal world is exclusively structural«.[15]
Es kommt darauf an, die world of words und die »world of not-words«[16] bezüglich ihrer Strukturen zu vergleichen. Dabei wird sich herausstellen, daß, wiewohl sie zur täglichen Verständigung halbwegs taugen mögen, unsere herkömmlichen Symbolsysteme von ihrer Struktur her keinesfalls mit der Realität zur Deckung gebracht werden können. Wir operieren auf dem Feld unserer Erkenntnis mit ihm nicht adäquaten Mitteln. Die Sprache, die wir als Kinder erlernen müssen, wird der Wirklichkeit unserer (sowohl infantilen als auch) späteren Erfahrung nicht gerecht. Wir leben in einer »linguistic slavery«.[17] Mit der Sprache vergewaltigen wir gleichsam die Realität und pressen sie in nicht-analoge sprachliche Formen. Unsere sprachlichen Aktionen sind »structurally false to fact«.[18] Diese Diskrepanz zwischen den Ebenen der Sprache und der Wirklichkeit beruht auf falschen »semantic-reactions«. Diese sind Grundelemente menschlichen Verhaltens. Mit ihrer Hilfe gilt es, »bad language« in »correct symbolism« umzuwandeln.

3.422 *Einschränkung*

Der Streit um Worte ist alt. Alt ist auch deren Verdächtigung als magisches Mittel. So ist denn der *erkenntnistheoretische* Hintergrund der general semantics nichts anderes als der alte idealistische Mummenschanz um die »Macht der Sprache«. Der *ideologische* Hintergrund ihrer Doktrin liegt auf der Hand: Sprachlenkung erscheint als philologisches Problem; gesellschaftliche Mißstände werden

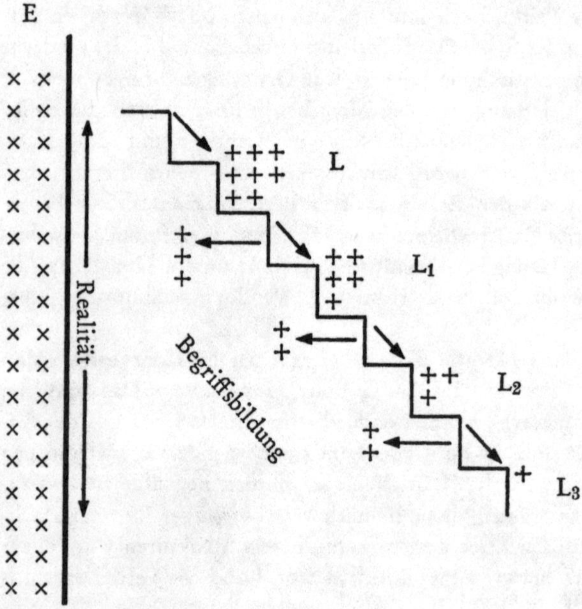

»abstraction ladder«

zu semantischen Querelen; der Revolutionär tritt auf als Federfuchser; alles darüber hinaus ist von Übel.

Im übrigen verweise ich zur Kritik auf zwei ausgezeichnete Arbeiten: Herbert Marcuse, »Der eindimensionale Mensch« (darin v. a. Kapitel 7), erschienen 1967 im Luchterhand Verlag und Albrecht Neubert, »Semantischer Positivismus in den USA«, erschienen 1962 im VEB Max Niemeyer Verlag.

Bei allen Einschränkungen muß doch betont werden, daß die general semantics eine Reihe von Mitteln stellen, deren didaktische Möglichkeiten nicht unterschätzt werden sollten. Die wichtigsten seien kurz erwähnt.

3.423 *Semantische Theoreme*

3.4231 M≠T

Die ›identification‹ »What I say = What is« ist eine der fatalsten Angewohnheiten des Sprechers. Der Sprecher muß sich darüber klar werden, mit seiner Aussage immer nur Aspekte bestimmter realer Situationen ausdrücken zu können! (– Map is not Territory –). Daraus folgt speziell für die Untersuchung von Abstraktionen das Prinzip der

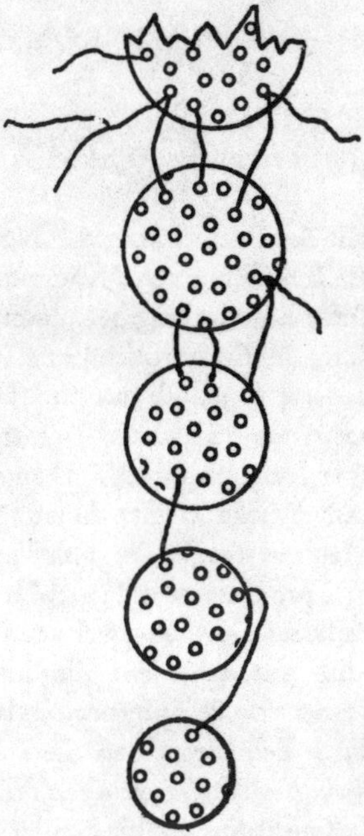

»structural differential«

3.4232 non-allness
Die general semantics verdeutlichen die sprachliche Begriffsbildung mit dem Begriff der »abstraction ladder« (vgl. Abbildung). Mit jedem Schritt entfernt man sich von der Wirklichkeit; der Abstraktionsschritt, gleichsam geistige Anstrengung, wird nur dadurch ermöglicht, daß Wirklichkeitspartikel wie Ballast abgeworfen werden. Es gilt also zu beachten, daß bei zunehmender Abstraktion der Kontakt zur Wirklichkeit schwächer wird.

3.4233 structural differential
Das strukturale Differential dient als pädagogisches Instrument der Veranschaulichung des Abstraktionsprozesses.
Die Ebenen der Abstraktion werden dargestellt durch eine Anzahl kleiner Plättchen (vgl. Abbildung). Die Grundmenge der unendlich vielen atomischen Partikel der Realität erscheint als parabolische, nach einer Seite offene Form. Daran schließt eine runde Scheibe an, die »objective level«, erste Stufe der Begriffsbildung aus den Erfahrungen der Sinnenwelt; weiter folgen eine Anzahl die fortlaufenden Abstraktionsebenen symbolisierende Plättchen. Alle Platten sind versehen mit Löchern. Dadurch werden die zahlreichen *Möglichkeiten* nicht ausgenutzter Charakterisierung dargestellt; die faktischen Verbindungen werden durch Fäden bezeichnet.

3.5 DIE HUMANKOMMUNIKATION

3.51 Technische Aspekte

Mit der Entwicklung der Nachrichtentechnik ergab sich eine neue Perspektive für die Einteilung von »Kommunikation«.

Diese Entwicklung begann etwa um die Mitte des 15. Jahrhunderts mit der Erfindung des Buchdrucks. Erste Produkte waren Bibeldrucke und Flugschriften. Dann dauerte es jedoch gut 200 Jahre, bis die neuen Möglichkeiten sich voll entfaltet hatten und die ersten Tageszeitungen erschienen. Ihr wichtigstes Merkmal gegenüber früheren Druckwerken war die Kontinuität der Erscheinungsweise. Erst spät kamen neue Medien hinzu. So ab dem Ende des 19. Jahrhunderts der Film, ab 1929 mit Ton, ab 1936 in Farbe. Ab 1923 wurden in Deutschland regionale Hörfunkprogramme ausgestrahlt. Ein Fernsehprogramm gibt es in der BRD seit 1953.

Es lassen sich nun zwei grundsätzlich verschiedene Formen des Informationstausches unterscheiden: die interpersonale und die Massenkommunikation. Der Schritt von der interpersonalen zur Massenkommunikation läßt sich vor allem dadurch definieren, daß die Information bei der interpersonalen Kommunikation *einfach-medial-gebrochen* erscheint, während für die Massenkommunikation gilt, daß nicht nur ein für Sender und Empfänger verbindlicher Signalvorrat bestehen muß, sondern die Informationsübertragung zusätzlich noch über ein weiteres, technisches Medium läuft, also *doppelt-medial-gebrochen* ist.

Ein weiterer wesentlicher Unterschied fällt ins Gewicht. Bei der interpersonalen Kommunikation sind nämlich Sender und Empfänger austauschbar. Bei der Massenkommunikation ist das nicht der Fall.

Wo zwei oder mehrere Personen sich direkt unterhalten, kann der Sender jeweils vom Empfänger unterbrochen werden. Er kann fragen, korrigieren, angreifen, belehren etc. Der Empfänger hat Sendemöglichkeiten, wie auch der Sender empfangen kann. In der Massenkommunikation dagegen findet eine einseitige und, durch technische Übertragungsmittel bedingt, indirekte Informationsübertragung statt. Der Empfänger kann sich auf Grund der technischen Möglichkeiten nicht in die Sendung einschalten.

Gegen diesen Grundsachverhalt der Massenkommunikation werden gemeinhin zwei Einwände erhoben.

A) Zum einen wird ganz allgemein die Tatsache bestritten, es handle sich um ein anderes Modell, als jenes, das auch bei der interpersonalen Kommunikation vorliegt: »Massenkommunikation vollzieht sich im Vergleich zur interpersonalen Kommunikation zwar in einer in mancherlei Hinsicht veränderten Kommunikationssituation, jedoch bestehen keine grundsätzlichen Unterschiede zwischen den beiden Kommunikationsarten.«[19]

Diese These stützt sich v. a. auf die immer intensiver betriebene *audience analysis;* die Publikumsforschung, welche die Wünsche, Bedürfnisse, Einwände etc. von Empfängern massenkommunizierter Information erheben soll. Auf diese Weise bestehe, so wird behauptet, ein wirkungsvolles Medium der Replik.

B) Ein weiterer Einwand wird durch eine Richtung in der Kommunikationsforschung erhoben, die zwar die grundsätzliche Verschiedenheit der Modelle interpersonaler und technisch-medialer Kommunikation anerkennt. Aus dieser Verschiedenheit werden jedoch keine Folgerungen über Thesen wie »Meinungsmanipulation« usw. gezogen. Vielmehr soll die Massenkommunikation gar keinen so großen Einfluß haben, wie gemeinhin angenommen wird. Belegt wird das durch die sogenannte TWO-STEP-FLOW-Hypothese. Danach gelangt die Information von den Massenmedien nicht direkt zum größten Teil der Bevölkerung, sondern wird durch eine relativ kleine Zahl intensiver Mediennutzer, die *opinion-leaders,* vermittelt:

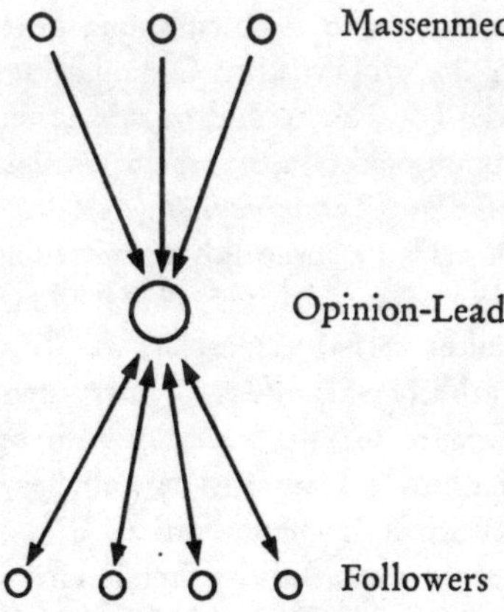

Die Argumentationskette, mit deren Hilfe der Hinweis auf die Gefahr entkräftet werden soll, die im einseitigen Informationsprozeß der Massenmedien angelegt ist, verläuft wie folgt:

1. »Im Netzwerk der persönlichen Beziehungen nehmen die ›Meinungsführer‹ einen besonderen Platz ein . . . Sie gaben jedoch an, daß die Massenmedien ihre Entscheidung stärker beeinflußt hätten als persönliche Beziehungen. Dies deutet darauf hin, daß Ideen oft von Rundfunk und Presse zu den Meinungsführern hin und erst von diesen zu den weniger aktiven Teilen der Bevölkerung fließen.«

2. Die opinion-leaders »können die Massenmedien durch persönliche Deutung und den vollen Reichtum menschlicher Beziehungen . . . beleben.«

3. »Vor allem Menschen können also andere Menschen zu einer Entscheidung bewegen.«[20]

Beide Einwände gegen eine entschiedene Differenzierung von interpersonaler und Massenkommunikation lassen sich auf Grund vorliegender Materialien falsifizieren.

3.52 Sprachliche Aspekte

Ob es sich nun um interpersonale oder um Massenkommunikation handelt, so müssen doch in beiden Fällen jene Probleme beachtet werden, die sich aus der sprachlichen Form der Kommunikation ergeben. Es sind dies Probleme, die gerade im Hinblick auf die Diskussion um die Manipulationsmöglichkeiten der Massenmedien in letzter Zeit zunehmend Beachtung gefunden haben. Dabei geht es vor allem um die These schichtenspezifischer Sprachbarrieren.

»Ein Mangel an syntaktischer Organisation zeichnet die Sprache der Kinder aus der Unterschicht (der Gesellschaft, WDH) vor allem aus. Die negativen Konsequenzen für die Begriffsbildung und Problemlösung liegen auf der Hand. Die souveräne Verfügung über die syntaktischen Organisationsprinzipien ermöglicht und erleichtert nicht nur die konsistente und in sich geschlossene Strukturierung einer gezielten sozialen Kommunikation, sie scheint darüber hinaus *unentbehrlich für das Erkennen gesetzmäßiger Zusammenhänge.*«[21]

Daraus wird »verständlich, daß die sprachlich vermittelten Kategorisierungsprozesse sich nicht nur auf die kommunikativen Fähigkeiten, sondern auch auf die Entwicklung gewöhnlich nicht-verbal gemessener Intelligenzleistungen und die Lernfähigkeit in nicht-sprachlichen Schulfächern auswirken . . .«[22]

So macht also eine »bestimmte soziale Situation auch bestimmte Formen von Kommunikation wahrscheinlich«[23]. Daraus ist zu schließen, daß die Beweglichkeit im Prozeß der gesellschaftlichen Kommunikation, d. h. auch die Möglichkeit, Nachrichten zu interpretieren, wesentlich bestimmt wird von der sozialen Herkunft der einzelnen Informationsteilnehmer. Auf Grund der in der Kindheit verinnerlichten Sprachstrukturen werden sich ganz bestimmte Verhaltensweisen im Kommunikationsprozeß herausbilden. Die Fähigkeit, an diesem Prozeß überhaupt teilnehmen zu können, wird weitgehend von den Möglichkeiten der Spracherlernung geprägt.

Verzeichnisse

4.1 ANMERKUNGEN

4.11 Zur Einleitung

1 Marx, K.: »Das Elend der Philosophie«, in: ders./Engels, F., Werke, Bd. 4, Berlin 1964, S. 69.
2 Schmidtchen, G.: »Manipulation – Freiheit negativ«, Neuwied und Berlin 1970, S. 27.
3 Enzensberger, H. M.: »Baukasten zu einer Theorie der Medien«, in: Kursbuch Nr. 20, 1970, S. 166.
4 Hofmann, W.: »Springer als Symptom – 10 Thesen«, in: Jansen, B./ Klönne, A. (Hrsg.), Imperium Springer, Köln 1968, S. 22.
5 Zit. n. Frankfurter Rundschau v. 19. 2. 1970.

4.12 Zum Modell

1 Wickler, W.: »Verständigungssysteme bei Tieren«, in: Haseloff, O. W. (Hrsg.), Kommunikation, Berlin 1969, S. 25.
2 Oevermann, U.: »Schichtenspezifische Formen des Sprachverhaltens und ihr Einfluß auf die kognitiven Prozesse«, in: Roth, H. (Hrsg.), Begabung und Lernen, Stuttgart 1969, S. 339 f.
3 Albrecht, E.: »Sprache und Erkenntnis«, Berlin 1967, S. 141 f.
4 Die Beispiele entstammen der Arbeit Bierwisch, M.: »Strukturalismus«, in: Kursbuch Nr. 5, 1966, S. 108 f.
5 In: Enzensberger, H. M.: »Einzelheiten I«, Frankfurt 1964, S. 172 ff.
6 Hund, W. D.: »Information und Redundanz«, in: Literatur und Kritik, Nr. 28, 1968, S. 474 ff.
7 Zit. n. Kolb, H.: »Entwicklungen im modernen Deutsch«, in: Sprache im technischen Zeitalter, Protokoll einer Tagung des Studienkreises für politische Bildung vom 2. 1. 65 bis 7. 1. 65, S. 25.

8 Die hier angeführten Daten stammen im einzelnen aus folgenden Quellen:
2.531: Holzer, H.: »Massenkommunikation und Demokratie in der Bundesrepublik Deutschland«, Opladen 1969, S. 6.
2.532: a. a. O., S. 9.
2.5331: a. a. O., S. 13.
2.5332: a. a. O., S. 14.
2.534: a. a. O., S. 30.
2.535: a. a. O., S 48.
2.5361: Aufermann, J. / Bohrmann, H.: »Massenkommunikationsmittel, Heidelberg 1968, S. 72.
2.5362: a. a. O., S. 73.

9 Maletzke, G.: »Psychologie der Massenkommunikation«, Hamburg 1963, S. 32.

10 a. a. O., S. 178 f.

11 Hofmann, W.: »Springer als Symptom ...«, a. a. O., S. 22.

12 Zit. n. Burkhardt, R.: »Konzentrationsvorgänge in der Presse«, in: Jansen, B. / Klönne, A. (Hrsg.), Imperium Springer, a. a. O., S. 46.

13 a. a. O., S. 48 f.

14 Vgl. zu den folgenden Ausführungen Huffschmid, J.: »Politische Ökonomie des Springer-Konzerns«, in: Jansen, B. / Klönne, A.: Imperium Springer, a. a. O., S. 52 ff.

15 Zit. n. ›konkret‹, Nr. 3, März 1968.

4.13 Zum Anhang

1 Cherry, C.: »Kommunikationsforschung – eine neue Wissenschaft«; o. O. 1967; p. 33–34.

2 Wickler, W.: »Verständigungssysteme bei Tieren«; in: O. W. Haseloff (Hrsg.), Kommunikation, Berlin 1969; p. 19.

3 Aufermann, J., u. Bohrmann, H.: »Massenkommunikationsmittel«; Heidelberg 1968.

4 Topitsch, E.: »Sprachlogische Probleme der sozialwissenschaftlichen Theoriebildung«, in: ders. (Hrsg.), Logik der Sozialwissenschaften, Köln und Berlin 1965; p. 17 ff.

5 Einteilung nach Morris, C. W., »Foundations of the Theory of Signs«, in: International Encylopaedia of Unified Science, Chicago 1938; Vol. 1, Nr. 2.

6 C. E. Shannon bezeichnet 1 bit (von: binary digit) als diejenige Information, welche ein Ereignis bezüglich eines Feldes beinhaltet, in welchem es die Wahrscheinlichkeit 1/2 hat.

7 Cherry, C.: loc. cit., p. 74 f.

8 Albrecht, E.: »Sprache und Erkenntnis«; Berlin 1967; p. 131 u. 133.
9 Korzybski, A.: »Science and Sanity«; Lakeville 1948; p. 7 f.
10 Korzybski, A.: »General Semantics, Psychiatry, Psychotherapy and Prevention«, in: Am. J. of Psychiatry, 98, 1941, p. 213.
11 Hardy, W. G.: »The Philosophy of Modern Semantics«, in: The Quart. J. of Speech, 28, 1942, p. 191, vom Autor dtsch. u. hervorgehoben.
12 ebda., p. 192.
13 Korzybski, A.: »General Semantics ...«; loc. cit.
14 Hayakawa, S. I.: »Semantik«; Darmstadt 1967; p. 274.
15 Korzybski, A.: »Science ...«; loc. cit., p. 20.
16 Johnson, W.: »People in Quandaries: The Semantics of Personal Adjustment«; New York/London 1946; p. 91.
17 Korzybski, A.: »Science ...«; loc. cit., p. 91.
18 Chisholm, F. P.: »Introductory Lectures on General Semantics«; Lakeville 1945; p. 15.
19 Aufermann, J., u. Bohrmann, H.: »Massenkommunikationsmittel«; loc. cit.; p. 67 f.
20 Lazarsfeld, P. F., Berelson, B., Gaudet, H.: »Wahlen und Wähler«; Neuwied u. Berlin 1969; p. 191, 199, 199.
21 Oevermann, U., »Sprachbarrieren, schichtenspezifische Sprachkodes und Intelligenz«, in: alternative, 61, 1968; p. 142 (von mir gesperrt, WDH).
22 Loc. cit., p. 143.
23 Bernstein, B.: »Sprache, symbolisches Verhalten und soziale Schichtung«, in: O. W. Haseloff (Hrsg.), Kommunikation, loc. cit.; p. 108.

4.2 AUSGEWÄHLTE LITERATUR

(Die hier angeführten Titel wollen keine Bibliographie sein und eine solche auch nicht ersetzen. Sie sollen vielmehr die Möglichkeit einer allgemeinen Orientierung über das in diesem Modell angeschnittene Thema bieten. Ihre Anschaffung für die Lehrer- bzw. Schulbibliothek wäre zu empfehlen).

Aranguren, J. L.: »Soziologie der Kommunikation«, München 1967.
Cherry, C.: »Kommunikationsforschung, eine neue Wissenschaft«, Frankfurt 1967.
Habermas, J.: »Strukturwandel der Öffentlichkeit«, Neuwied und Berlin 1962.
Holzer, H.: »Massenkommunikation und Demokratie in der Bundesrepublik Deutschland«, Opladen 1969.
Jansen, B. und Klönne, A. (Hrsg.): »Imperium Springer«, Köln 1968.
Negt, O.: »Soziologische Phantasie und exemplarisches Lernen«, Frankfurt 1968.

Modelle für den politischen und sozialwissenschaftlichen Unterricht

Modell 1
Ursula Schmiederer
Wahlen in der Bundesrepublik
Am Beispiel der Bundestagswahl 1969

Modell 2
Ingrid Schmiederer
Wirtschaftliche Mitbestimmung

Modell 3/4
Lutz Krauß · Hans Rühl
Werbung in Wirtschaft und Politik

Modell 5
Anneliese K. Schuon-Wiehl
Faschismus und Gesellschaftsstruktur
Am Beispiel des Aufstiegs des Nationalsozialismus

Modell 6
Harald Horn
Die Berlinkrise 1958/61
Zur Funktion der Krise in der internationalen Politik

Modell 7
Wulf D. Hund
Kommunikation in der Gesellschaft I
Demokratische Willensbildung oder manipulierte Meinung

Modell 8
Erika Dingeldey
Unpolitische Justiz?

Modell 9
Henrike und Karl-Ernst Selbmann
Arbeitsschutz für Jugendliche – Gesetz und Wirklichkeit

Modell 10/11
Hansgeorg Conert
Der Kommunismus in der Sowjetunion
Historische Voraussetzungen, Wandlungen, gegenwärtige Strukturen und Probleme

Modell 12
Mechthild Curtius · Wulf D. Hund
Mode und Gesellschaft
Zur Strategie der Konsumindustrie

Modell 13
Rolf Schmiederer
Bildungskrise und Schulreform

Modell 14
Peter Böhmer · Thomas Leber · Jürgen Martini · Hans Seidemann · Reinhard Wagner
Der Rassenkonflikt in den USA I
Sozialisation und Probleme der Emanzipation am Beispiel der Afroamerikaner

Modell 15
Peter Böhmer · Thomas Leber · Jürgen Martini · Hans Seidemann · Reinhard Wagner
Der Rassenkonflikt in den USA II
Sozialisation und Probleme der Emanzipation am Beispiel der Afroamerikaner

Modell 16
Wilfried Junk · Klaus Hagner
Mitbestimmung in der Schule
Schule als Übungsfeld politischen Handelns, dargestellt an einer Fallanalyse zum Thema »Schulordnung«

Modell 17
Lutz Krauß · Michael Imhof
Das Rechtskartell in der Bundesrepublik

Modell 18
Hansgeorg Conert
Einführung in die politische Ökonomie der Bundesrepublik

Modell 19
Martha M. Kuhl-Greif
Probleme der Bevölkerung in kleinen Gemeinden

Modell 20
Wulf D. Hund
Kommunikation in der Gesellschaft II
Beispiele gesellschaftlicher Nachrichtenvermittlung

Modell 21
Wolfgang Christian · Elke Kindsvater
Bernhard Lindner · Werner Stoll
Lohnarbeit – am Beispiel der ›Gast‹arbeiter
Unterrichtseinheit, erprobt im 7. Schuljahr

Modell 22
Harald Horn
Sicherheit in Europa
Ein Planspiel im Themenbereich »Innergesellschaftliche Konflikte«

Modell 23
Wolfgang Keim
Variable Unterrichtsplanung – am Beispiel China
Teil 1: Didaktischer Kommentar, Modellbeschreibung, Materialstruktur, Lehrerbegleitbögen

Modell 24
Teil 2: Materialien: Vorrevolutionäres China, revolutionäres China, sozialistisches Modell China

Modell 25
Rolf Schmiederer
Schule und Gesellschaft I
Schule als Bürokratie und Rollensystem

Modell 26
Rolf Schmiederer
Schule und Gesellschaft II
Gesellschaftliche Funktion und Widersprüche des Bildungswesens

Modell 27
Gabriele Burow · Jürgen Pyschik
Rationalisierung im Betrieb
Eine Einführung in die Arbeitswelt

Modell 28
Hansgeorg Conert
Einführung in die politische Ökonomie der Bundesrepublik
Teil II: Konjunktur und Krise – Instrumente staatlicher Wirtschaftspolitik

Europäische Verlagsanstalt